A. F. Krech

Friedrichs-Gymnasium und Realschule Jahresbericht

A. F. Krech

Friedrichs-Gymnasium und Realschule Jahresbericht

ISBN/EAN: 9783743646933

Hergestellt in Europa, USA, Kanada, Australien, Japan

Cover: Foto ©Paul-Georg Meister /pixelio.de

Weitere Bücher finden Sie auf **www.hansebooks.com**

Friedrichs-Gymnasium und Realschule.

Jahresbericht,

womit

zu der öffentlichen Prüfung der Schüler

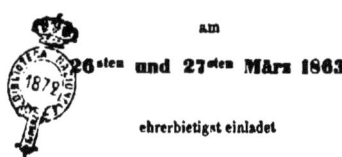

am

26sten und 27sten März 1863

ehrerbietigst einladet

A. F. Krech,

Director und Professor.

I n h a l t.

1. Aristotelische Textes-Studien von Dr. Laas.
2. Schulnachrichten.

Berlin.
Buchdruckerei von Gustav Lange.
1863.

Die folgenden Blätter enthalten Bruchstücke Aristotelischer Studien, die sich namentlich auf die vier ersten Bücher der Physik beziehen. Ich gebe in aller Kürze an, von welchen Gesichtspunkten dieselben angesehen sein wollen.

Bekker hat in der Ausgabe der Akademie bei der Φυσική, Ἀκρόασις den ältesten, von ihm mit E bezeichneten Codex entschieden bevorzugt. Und in der That ist dieser für unsere Schrift nicht minder bedeutsam, als ihn Trendelenburg für die Bücher von der Seele gefunden hat.[1] Belege dafür bietet die ungeheure Mehrzahl der Stellen, wo Bekker ihm allein gefolgt ist. Ferner hat Bonitz[2] im vorigen Jahre eine Anzahl von Stellen aus den fünf ersten Büchern zusammengetragen, wo die Lesart dieses Codex das allein Richtige hat; obwohl es Bekker nicht in den Text nahm. Auf einige andere Stellen wird unten hingewiesen worden. — Nun haben die Mittheilungen Torstricks[3] über die in Berlin aufbewahrte Baseler Ausgabe, in welche Bekker seine Noten unmittelbar aus den Handschriften eingezeichnet hat, den Zweifel erweckt, ob uns derselbe in seiner Ausgabe überall ganz zuverlässige und vollständige Notizen über die verschiedenen Codd., also auch über diesen besten, giebt. Auch Trendelenburg in der Ausgabe der Schrift über die Seele und Waitz in der des Organon, die einen Theil der Bekkerschen Handschriften von Neuem collationirten, haben nachgewiesen, dass Bekker nicht immer das Richtige gelesen oder correct verzeichnet hat. Für die Bücher von der Seele ist der Cod. E zum dritten Mal von Bussemaker für die Didotsche Ausgabe verglichen: — und er hat noch Dinge entdeckt, *quae*, wie er sagt, *aciem utriusque* (Trendelenburg's u. Bekker's) *effugerunt*. Und Bekker's geschriebener Apparat in der von Torstrick sogenannten Authentica weicht bie und da von allen drei Recensionen ab.

Bei solcher Erfahrung darf man wohl wünschen, dass, soll der Text der Physik besser constituirt werden, zunächst der Cod. E noch einmal in Paris verglichen werde: wahrscheinlich bietet uns nächstem Torstrick die Resultate einer solchen erneuten Collation.

Ein Zweites wäre die Lesarten dieses Codex der Gestaltung des Textes in consequenterer, strengerer Durchführung zu Grunde zu legen, als es sonderbarer Weise trotz der offenbar vorhandenen, richtigen Ueberzeugung von seiner Vortrefflichkeit Bekker hat thun mögen.

Wir haben aber noch eine ältere Quelle als unser Codex E ist, eine Quelle, aus der Bekker gar nicht geschöpft hat: die alten Commentatoren, welche durch die Brandis'sche Sammlung so zugänglich gemacht sind. Sie müssen auf das Sorgfältigste durchforscht wer-

---

[1] Die Beschreibung desselben siehe bei Trendelenburg: Aristotelis de anima libri tres 1833, Praefatio XXIII sqq. Weiteres in Torstrick: de anima 1862, praefatio, namentlich nach pag. XX.

[2] Aristotelische Studien von H. Bonitz. Wien in Commission bei Gerold 1862.

[3] Im Philologus XII (1857), pag. 494 sqq.

den, um, wo es möglich ist, den Text der alten Erklärer wieder herzustellen. Und fänden wir an einer Stelle auch nur mit Sicherheit, was Philoponus las, so ist dieser Text doch immer noch über vier Jahrhunderte älter als der des Cod. *E*. Häufig erhalten wir aber durch Vermittelung von Simplicius sogar Nachricht von dem, was Alexander vor sich hatte. In solchen Fällen harmonirt nicht selten Cod. *E* mit dem alten Text.

Nun finden wir aber schon zu Simplicius', ja zu Aspasios' und Alexander's Zeiten ein nicht geringes Schwanken zwischen mehreren Lesarten. Simplicius bemerkt z. B. in Betreff des ganzen dritten Buchs: ἰστίον ὅτι ἐν πολλοῖς χωρίοις διάφορος ἡ γραφὴ τούτου τοῦ βιβλίου. Von weiteren Belegen wird unten die Rede sein. Da kann häufig nur — das wichtigste Kriterium der Richtigkeit einer Lesart — der Zusammenhang und die Uebereinstimmung mit der sonstigen Lehr- und Sprechweise des Aristoteles entscheiden.

Aus dieser zuletzt erwähnten Quelle fliessen auch etwaige Conjecturen. Schon die ältesten Erklärer hatten, selbst da, wo keine Varietät der Lesart von ihnen bemerkt wird, einen mannigfach corrumpirten Text, so dass sie selbst, namentlich Alexander und sehr willkürlich Porphyrius, zu Conjecturen griffen, die nicht immer die geschicktesten sind. Diese Conjecturen haben sich hie und da in den Text festgesetzt und die ursprünglichen Worte ganz verdrängt. Es wird sich, wo wir von dem, was man vor der Conjectur las, noch eine Nachricht haben, fragen, ob sich das nicht doch halten lässt — und ob nicht event. bessere Aenderungen gefunden werden können. Anderes hinwiederum, was sie noch richtig hatten, ist erst später verschwunden. Das Ursprüngliche erkennt man aber häufig nur noch aus ihren Explicationen. Aus diesen wird man also conjicirend zurückschliessen müssen auf ihre γραφή.

Bei Manchem endlich, was auch sie schon hatten und was doch geradezu unmöglich ist, beruhigten sie sich wieder mit bewundernswerther, aber nicht nachzuahmender Leichtigkeit: und so hat sich an nicht seltenen Stellen ein Text von Jahrhundert zu Jahrhundert fortgepflanzt, den schon Alexander vor Augen hatte und zu erklären versuchte, und den wir doch für verderbt halten müssen. Einen recht drastischen Fall dieser Art kennt man schon aus Torstrick's Aufsatz über die Authentica[1]): Phys. I, 7; 191 a13, wo von der Dreiheit der ἀρχαί (ὕλη, στέρησις, εἶδος) die Rede ist, wird die zweite so bezeichnet: μία δὲ ἡ ὁ λόγος. Diesen Unsinn lasen Alexander und alle seine Nachfolger. Sie quälten sich redlich damit ab, ohne zu ändern, nur einige, die Alexander oder Simplicius tadelt, warfen, aus Verzweiflung offenbar, das ἡ weg. „Sollen wir," fragen wir an derartigen Stellen mit Torstrick, „von den Zeugnissen überwunden, ein solches Monstrum im Text lassen?" Vielmehr werden wir, wie Bonitz an dieser Stelle und sonst, aus der Beobachtung constanter Wendungen, der ganzen Phraseologie und Terminologie, der Lehrweise und des Lehrinhalts des Aristoteles den Text von den Verderbnissen der Zeit zu reinigen suchen.

Aristotelische Textesstudien können aber auch noch zu einem andern Ziel kommen, das man nicht immer von Anfang an vermuthet. Man stösst auf Stellen, die sich auch sehr kraus ausnehmen, die auf den ersten Blick vielleicht so unmöglich scheinen, dass man entweder selbst auf Conjecturen denken zu müssen glaubt — oder schon fremde vorfindet. Es kann dann die Untersuchung doch mit dem Resultat endigen, dass entweder nicht zu ändern nöthig ist, — oder dass wir das Richtige nicht mehr finden können. In Stellen der ersten Klasse wird also die ganze Arbeit auf eine möglichst vollständige, eindringende Interpretation hinauslaufen. Versuche der Art sind über Stellen hier mitgetheilt, deren

---

[1]) Philologus a. a. O. pag. 520 sqq.

Sinn nach meinem Dafürhalten bislang nicht correkt oder klar genug angegeben war, oder wo zwar festzustehen schien, was in dem resp. Satze stecke, aber nicht warum. Sind an solchen Stellen auch die Resultate vielleicht nicht neu, so doch möglicher Weise — und ich denke, auch das hat einigen Nutzen — gründlicher und hie und da richtiger entwickelt und abgeleitet. In Stellen der zweiten Klasse wird man sich begnügen müssen mit Benutzung aller vorher bezeichneten Mittel den schadhaften Fleck in möglichster Umgrenzung und Individualisirung angegeben zu haben.

Beispiele nun solcher Studien, die entweder die Lesart des Cod. *E* in ihr Recht einzusetzen oder Bemerkungen des Alexander, Themistius, Simplicius, Philoponus zur Restitution des Ursprünglichen zu verwerthen suchen, oder durch Benutzung der Lesarten und Scholien, daneben aber auch durch strenge Beobachtung des Zusammenhangs und der Aristotelischen Redeweise bei schwierigen Stellen entweder eine Erklärung, oder eine Conjectur, oder eine bestimmte Bezeichnung der Verderbniss versuchen, werden im Folgenden denen, welchen des Aristoteles Integrität und Lesbarkeit am Herzen liegt, dargeboten. Es ist damit keine auch nur annäherungsweise vollständige Uebersicht und Begründung aller auch nach Bonitz' verdienstvoller Abhandlung etwa noch nothwendigen Aenderungen des Bekkerschen Textes der vier ersten Bücher beabsichtigt: das würde die Grenzen, die diesen Blättern gesteckt sind, bei Weitem überschreiten. Es möge nur an einzelnen, wichtigeren Proben .klar werden, wie grosser Mühwaltung es noch bedarf, um die Physik so verständlich und lesbar zu machen, und dem Ursprünglichen, so weit möglich, auch im Kleinen so nahe zu bringen, wie es von Trendelenburg, Waitz und Bonitz in den bekannten Ausgaben mit anderen aristotelischen Schriften geschehen ist.

A, 3.

Im dritten Capitel des ersten Buchs wird die Lehre des Melissus und Parmenides vom Einen unbewegten Sein widerlegt. Die Beweisführung ist schwierig nicht blos wegen des prägnanten Inhalts und weil man häufig den Wortlaut der Sätze, die widerlegt werden, nicht genau kennt, sondern auch, glaube ich, wegen einiger Textesverderbniss.

Von beiden Philosophen, die Aristoteles angreift, wird vorweg im Allgemeinen behauptet 186, 6: ἐριστικῶς συλλογίζονται, denn 1) ψευδῆ λαμβάνουσιν und 2) ἀσυλλόγιστοί εἰσιν αὐτῶν οἱ λόγοι. Sie legen falsche Praemissen zu Grunde und schliessen nicht richtig. Von diesen beiden Gesichtspunkten scheint nun auch die Kritik jedes Einzelnen auszugehen. Deutlich tritt diese Gliederung bei der Bekämpfung der Parmenideischen Lehre hervor (186ᵃ 23 sqq.). Seine Sätze, heisst es, lassen sich entkräften: τῇ μέν, ὅτι ψευδής, τῇ δὲ ὅτι οὐ συμπεραίνεται (l. 23. 24.) ψευδής μέν, ἢ x. τ. λ. (l. 24.), ἀσυμπέραντος δέ, ὅτι x. τ. λ. (l. 25 sqq.). Sollte die Disposition nicht auch eingehalten sein bei dem zuerst besprochenen Melissus? und wenn etwa nicht, warum nicht? da, wie wir sahen, nach Aristoteles' Meinung sich Beides bei Beiden nachweisen lassen soll.

Er beginnt 186, 10: ὅτι μὲν οὖν παραλογίζεται Μέλισσος, δῆλον. Es scheint also so sicher als möglich, dass zuerst von der falschen Art zu schliessen die Rede sein soll; denn παραλογίζεσθαι ist das Gegentheil von συλλογίζεσθαι.

Jedoch so wie wir die folgenden Worte lesen und dazu noch das ungewisse Hin- und Herschwanken von Uebersetzern und Paraphrasten beobachten, rinnt uns, was eben gegen allen Zweifel fest schien, plötzlich durch die Hände.

Aristoteles beginnt nämlich diesen Abschnitt, in dem man zunächst nach den deutlichen Worten der Einleitung nur Paralogismen erwarten sollte, mit folgenden Sätzen 186ᵃ 10:

οἴεται γὰρ εἰληφέναι, εἰ τὸ γινόμενον ἔχει ἀρχὴν ἅπαν, ὅτι καὶ τὸ μὴ γινόμενον οὐκ ἔχει. εἶτα καὶ τοῦτο ἄτοπον, τὸ παντὸς οἴεσθαι εἶναι ἀρχὴν τοῦ πράγματος καὶ μὴ τοῦ χρόνου, καὶ γενέσεως μὴ τῆς ἀπλῆς ἀλλὰ καὶ ἀλλοιώσεως, ὥσπερ οὐκ ἀθρόας γινομένης μεταβολῆς. Schon wenn man so zu sagen das Aeussere der Worte betrachtet, wird man stutzig. Man erinnert sich, λαμβάνω ist das eigentliche Wort bei Voraussetzungen (προτάσας λαβεῖν, λήμματα), und der zweite Satz giht — man merkt's an dem οἴεσθαι — gewiss nur eine ὑπόληψις, eine subjective Annahme des Melissus; und der ist durch καὶ τοῦτο mit dem ersten verbunden; der erste scheint also auch, worauf schon das Wort εἰληφέναι hindeutet, von falschen Voraussetzungen zu handeln. Wie stimmt das nun mit dem παραλογίζεται?

Die Einwendungen des Aristoteles beziehen sich, wie Simplicius uns fol. 22ᵇ helehrt, auf folgenden Argumentationen des Melissus: — ἐπειδὴ τὸ γενόμενον ἀρχὴν ἔχει, τὸ μὴ γενόμενον ἀρχὴν οὐκ ἔχει, τὸ δ' ἐὸν οὐ γέγονεν, οὐκ ἂν ἔχοι ἀρχήν. Aehnlich hewies Melissus, dass das Seiende kein Ende hat und folgerte: τὸ δὲ μήτε ἀρχὴν ἔχον μήτε τελευτὴν ἄπειρον τυγχάνει ἐόν· ἄπειρον ἄρα τὸ ἐόν. εἰ δὲ ἄπειρον, ἕν. Deun, setzte man mehrere voraus, würden sie sich gegenseitig determiniren; das Seiende wäre nicht, wie bewiesen ist, nuendlich; ἀλλὰ μὴν εἰ ἕν, καὶ ἀκίνητον. Denn jede räumliche Rewegung geht von Einem zum Andern — es gibt aber blos Eins. — Gerade dieser Passns der Melissischen Beweisführung giht dem Aristoteles auch sonst Gelegenheit zn logischen Ausstellungen. So theilt er diese Schlussfolgerung ganz dem Citat des Simplicius entsprechend Soph. Elench. 167ᵇ 13 sqq. und 168ᵃ 35 sqq. als Beispiel für einen ἔλεγχος παρὰ τὸ ἑπόμενον[1]) mit; eine Stelle, die die obigen Sätze noch dadurch ergänzt, dass der stillschweigenden Identificirung von Seiendem und Ungewordenem die vermisste Begründung beigegeben wird: es ist unmöglich, dass das Seiende aus Nichtseiendem geworden ist.

Fragen wir diese Stelle des Melissus: Ist das Erste, was Aristoteles hier hietet, eine Annahme oder ein Schluss des Melissus? so ist doch nicht zu leugnen, dass der Satz: das Ungewordene hat keinen Anfang, der in der aristotelischen Stelle an sich auch als Folgerung genommen werden könnte, bei Melissus als Praemisse anftritt zu der Conclusio: das Seiende hat keinen Anfang. Es scheint, als ob Melissus die beiden von Aristoteles angeführten Sätze: Das Gewordene hat einen Anfang, das Ungewordene keinen, für identisch — also für ein und dieselbe Annahme gehalten hat.

Nun wird aber danehen sogleich die Erinnerung recht drückend, dass Aristoteles deutlichst „Paralogismen" eingeleitet hat. — Simplicius will daher erst von dem zweiten Satz an falsche Voraussetzungen finden. Er sagt zu den Worten εἶτα καὶ τοῦτο ἄτοπον κ.τ.λ. (Sch. coll. 330ᵇ 35): δείξας (also im ersten Satz) τὸ τῆς συμπλοκῆς ἀσυλλόγιστον ἐφεξῆς τὸ ψεῦδος διαβάλλει τῶν λημμάτων. Dagegen ist zu sagen, dass später doch sehr stark wieder gegen Schlüsse des Melissus Einwendungen erhoben werden (l. 16 sqq.): διὰ τί ἀκίνητον, εἰ ἕν; — „Bewegung ist ja in sich möglich" u.s.w. Es ginge also die Widerlegung ohne recht erdenklichen Grund ziemlich kreuz nnd quer. Ferner parallelisirt das καὶ τοῦτο den zweiten Satz doch zu sehr mit dem ersten, so dass, sollte man meinen, was von diesem gilt, auch jenen trifft.

Auch die Erklärungen der Neneren dokumentiren deutlich die Rathlosigkeit, die Stelle correkt und der Disposition entsprechend zu fassen. Julius Pacius[2]) übersetzt *sumpsisse* (wie λαμβάνω der *terminus technicus* bei Voraussetzungen) *enim putat* und erklärt: pag. 362

---

1) Wie z. B.: Wenn's regnet, wird's nass; also wenn's nass wird, regnet's.
2) In der Ausgabe der Physik, Frankfurt 1596.

ganz, der oben mitgetheilten Stelle des Melissus selbst entsprechend: Mit dem Einen glaubte er zugleich das Andere angenommen zu haben — eben weil er beides für identische Sätze hielt: *putavit idem valere aut saltem unum ex altero necessario colligi; dum enim sumsit omne genitum habere principium, falso putavit se sumsisse: quod non est genitum, non habere principium.* Versuchen wir's so! Er glaubt angenommen zu haben, wenn jedes Gewordene einen Anfang hat, dass auch das nicht Gewordene keinen hat! Ich dächte nach J. Pacius' Erklärung müsste dastehen: Er glaubt, sobald er angenommen hat, dass das Gewordene keinen Anfang hat, zugleich mitangenommen zu haben, dass das Ungewordene keinen hat, etwa so: οἴεται γὰρ ἅμα λαβὼν τὸ γινόμενον ἔχειν ἀρχήν ἅπαν καὶ εἰληφέναι ὅτι κτλ. — Und das wäre doch sicher eher der Vorwurf einer gewissen Bewusstlosigkeit in der Setzung der Praemissen, als der Nachweis eines Paralogismus. Dass aber Pacius selbst nicht ganz sicher war, lehrt *„necessario colligi"* neben *„falso putavit, se sumsisse."*

Brandis[1] stimmt dem Simplicius bei, wenn er paraphrasirt S. 595: „Wenn alles Gewordene einen Anfang hat, meint Letzterer, so folge von selbst" u. s. w.¸ — das sollte man erwarten; aber wie gewinnen wir das aus εἰληφέναι? Prantl[2] versucht es mit der Vermittelung zwischen Text und Erwartung: „er glaubt auf der Annahme zu stehen" u. s. w. — das möchte aber vielleicht nicht dastehen. Ganz an den gewöhnlichen Wortsinn des εἰληφέναι hält sich St. Hilaire[3]): *car il admet cette hypothèse* und in der Paraphrase *il se trompe évidemment en partant de cette hypothèse.* Aber wo blieb dabei οἴεται? Freilich bei dieser Erklärung scheint's auch unmöglich, beides zu verbinden. Oder darf man etwa sagen: Er glaubt angenommen zu haben? — als ob er selbst nicht wusste, was er that; was man bei Pacius Erklärung sich noch allenfalls denken kann, bei den wirklichen Worten des Aristoteles doch aber nicht: denn da hat er das Ganze „vorausgesetzt"; was soll nun heissen: er glaubt vorausgesetzt zu haben? hatte er in Wirklichkeit etwas Anderes vorausgesetzt? Wie wir sahen, war gerade dies, was wir lesen, seine wirkliche θέσις.

Man muss, das ergibt sich bald, hält man die alltägliche Bedeutung des λαμβάνειν fest, οἴεται fahren lassen: und wer wollte das so schnell? Man könnte auch an leichte Conjecturen denken, wie: ἔοικε, δοκεῖ — doch Aristoteles, wie wir sahen, kennt die Stelle, die er angreift, wörtlich, so dass er nicht bloss vermuthungsweise zu sprechen braucht: und die Schwierigkeit des εἰληφέναι nach παραλογίζεσθαι bleibt.

Vielleicht dürfte eine vollständige Erläuterung über den logischen Fehler der Melissischen Sätze nach Aristoteles sonstigen Lehren und eine Entwickelung des Begriffs λαμβάνω, wie er hier zu fassen ist, das einzig Rathsame bei der Aporie sein.

Wir würden nach unserer heutigen Logik die beiden Sätze, welche Melissus wie identisch neben einander stellt, zu der Klasse der „unmittelbaren Schlüsse" rechnen.[4]) Dergleichen kennt Aristoteles auch, wenn auch nicht unter diesem Namen. Dahin gehört zunächst das Meiste von dem, was er mit dem Namen ἀντιστροφή, Umkehrung, *conversio* benennt. Partiell convertiren lassen sich unmittelbar die allgemeinen positiven Urtheile: Der Mensch ist ein Thier, also sind einige Thiere Menschen; total die allgemein verneinenden Urtheile und diejenigen bejahenden, wo das Praedicat ein ἴδιον des Subjects ausdrückt. Ist z. B. ἴδιον ἀνθρώπου τὸ γραμματικῆς δεκτικόν εἶναι so kann aus dem Satze: ὁ ἄνθρωπός

---

[1]) Aristoteles und seine akademischen Zeitgenossen. Berlin 1853 u. 57.

[2]) Aristoteles Physik. Griechisch u. deutsch mit sacherklärenden Anmerkungen von C. Prantl. Leipzig 1854.

[3]) Physique d'Aristote. Paris 1862. Uebersetzung mit Anmerkungen und Paraphrase und philosophisch-historischen Ueberblicken; echt französisch.

[4]) Das will auch wohl Julius Pacius mit seinem: *necessario colligi* ausdrücken.

ἐστι γραμματικῆς δεκτικός geschlossen werden δι' ἀντιστροφῆς: εἰ γραμματικῆς δεκτικός ἐστιν, ἄνθρωπός ἐστιν (Top. I, 4; 102, 18 sqq.). Eine andere ἀντιστροφή neben dieser κατὰ τοὺς ὅρους nennt Alexander zu Top. II, 1. 109, 10 sqq. ἡ κατὰ τὸ κατηγορικὸν καὶ ἀποφατικόν. Trat bei jener der eine ὅρος des Urtheils an die Stelle des andern, tritt hier ein negatives Urtheil an die Stelle des positiven. Wie aber? das scheint ja ganz auf die Ansicht des Melissus zu führen!

Wenn das auch nicht, so empfiehlt doch Aristoteles wirklich dem Dialektiker Top. I, 10 ganz nach Melissischem Paralogismus in unchristlicher Weise zu schliessen: Man muss den Freunden wohl thun — also muss man den Feinden übel thun; denn τὰ τοῖς ἐνδόξοις ἐναντία κατ' ἀντίφασιν προτεινόμενα ἔνδοξα φανεῖται. Man erhält also, wenn man, wie er sich ausdrückt, ἐναντίον περὶ ἐναντίου aussagt, auch noch eine wahrscheinliche πρότασις. So verfuhr aber gerade Melissus!

Jedoch wenn auch Aristoteles eine solche Folgerung für die praktische Dialektik empfiehlt, so deutet er doch gleich in den folgenden Worten[1]) an, dass die Wahrheit solcher Schlüsse fraglich sei. Und Top. II, 8 zeigt er ausführlich, dass eine solche ἀκολούθησις κατὰ τὴν ἀντίφασιν, wie er das dort nennt, nur umgekehrt (ἐνάπαλιν) logisch sei z. B.: εἰ ὁ ἄνθρωπος ζῷον, τὸ μὴ ζῷον οὐκ ἄνθρωπος. So allein richtig, τῷ μὲν γὰρ ἀνθρώπῳ τὸ ζῷον ἕπεται, τῷ δὲ μὴ ἀνθρώπῳ τὸ μὴ ζῷον οὔ, ἀλλ' ἀνάπαλιν — und so, fügt er hinzu, überall ἐξιωτέον.

Ἀντιστροφή heisst nun freilich diese ganze ἀκολούθησις nicht, sondern nur die Umkehrung des bejahenden in das verneinende Urtheil z. B.:

τὸ Β τινὶ τῶν Ε ὑπάρχει,

τὸ Β τῷ Ε μηδενὶ ὑπάρχει.

So Anal. pr. I, 29, wo von der Umwandelung des apodiktischen Schlusses in den apagogischen und umgekehrt mit Beibehaltung derselben termini die Rede ist. II, 8 ist in eben diesem Sinne von conträrer und contradiktorischer ἀντιστροφή des Schlusssatzes die Rede, was unmittelbar die eine Propositio aufhebt. Vergl. auch Anal. post. I, 17. 80b 25.

Diese zweite Klasse der ἀντιστροφαί führt also auf keinen unmittelbaren Schluss; um so deutlicher aber die ἀκολούθησις κατ' ἀντίφασιν ἀνάπαλιν γινομένη, welche wir daran anknüpften, worin die ἀντιστροφή der ersten Art einmal, die der zweiten zweimal, an Subject und Praedicat, ausgeführt ist.[2])

Nicht ganz mit Unrecht nennen daher Simplicius und Philoponus zu unserer Stelle auch dieses logische Manöver eine ἀντιστροφή und Simplicius fasst die von Aristoteles in dieser Beziehung aufgestellte Vorschrift in den Satz zusammen: τότε ὑγιὴς ἡ κατὰ ἀντιστροφὴν ἀκολουθία, ὅταν τὸ ἀντικείμενον τοῦ ἑπομένου (des Praedikates s. o. Arist. Top. II, 8) λαβόντες ἐπενέγκωμεν τὸ τοῦ ἡγουμένου ἀντικείμενον: d. h. von dem contradiktorischen Gegen-

---

[1]) 104, 31: πότερον κατ' ἀλήθειαν οὕτως ἔχει ἢ οὔ, — ῥηθήσεται.

[2]) Aristoteles spricht Top. II, 1 noch von einer dritten Art von ἀντιστροφή, welche darin besteht, dass ich die ὀνομασία, die eigentlich dem ὅρος, oder dem γένος, oder dem ἴδιον des Dinges eigenthümlich ist, von diesem auf das Subject übertrage; was bei dem συμβεβηκός nicht sofort erlaubt ist: εἰ ὑπάρχει τινι ζῷω πεζῷ δίποδι εἶναι (ὅρος) ἀντιστρέφειν ἀληθὲς ἔστιν λέγειν ὅτι ζῷον πεζὸν δίπουν ἐστίν: d. h. das Wort, die Bezeichnung, die zunächst nur dem ὑπάρχον gebührte, ist mit ἐστί zugleich von dem ὑποκείμενον ausgesagt. Die ἀντιστροφή besteht also, etwas plump ausgedrückt, in der Umwandlung des Satzes mit ὑπάρχει in einen mit ἐστί, was, wie gesagt, immer möglich ist, wenn der ὅρος, das γένος oder ἴδιον als ὑπάρχον dastand. Ganz falsch erklärt die Stelle Brandis S. 296 (im Sinne der gewöhnlichen ἀντιστροφή κατὰ τοὺς ὅρους), und auch Waitz II, 455. Doch davon ein ander Mal!

satz des Praedikats muss das contradiktorische Gegentheil des Subjects praedicirt werden.
Daher musste an Stelle der Folgerung des Melissus treten, wie schon Eudemus hervorhob:
... τὸ μὴ ἔχον ἀρχὴν ἀγένητόν ἐστιν, — ganz recht, denn wenn ich weiss: alle Quadrate
haben rechte Winkel, so folgt doch nicht, dass alle anderen Figuren als Quadrate keine
rechten Winkel haben.[1])

Die Folgerung des Melissus, das ist nach dem Obigen klar, hätte nur Logik, wenn das
Praedikat der Propositio ein ἴδιον des Subjekts wäre. Auch dies zeigt Aristoteles selbst.
Er bespricht, wie oben erwähnt, Soph. El. 5 u. 6. die eristische Weise des Melissus und
sagt 168ᵃ 35: τὸ αὐτὸ εἶναι λαμβάνει Μέλισσος τὸ γεγονέναι καὶ ἀρχὴν ἔχειν. Sind sie nämlich
vollständig congruente Begriffe, so decken sich auch ihre ἀντικείμενα.

Was folgt nun aus unserer Deduktion? Aus der Stelle des Melissus selbst, dass beide
Sätze unter den Praemissen standen, welche die Conclusio: das Seiende hat keinen Anfang,
begründeten; aus Aristoteles Ansichten über dergleichen, dass der zweite durch eine falsche
ἀκολούθησις κατ' ἀντίφασιν unmittelbar aus dem ersten geschlossen ist. Wenn wir nun
zwei Praemissen vor uns haben, deren zweite durch unmittelbaren Schluss aus der ersten
gewonnen ist, können wir vielleicht οἴεται γὰρ εἰληφέναι erklären: er glaubt unmittelbar
erhalten, gewonnen zu haben, dass, wenn jenes ist, auch dieses ist.

Von der ἀποδεικτικὴ πρότασις heisst es Anal. pr. 24ᵃ 30 ganz allgemein: sie ist διὰ τῶν
ἐξ ἀρχῆς ὑποθέσεων εἰλημμένη; das setzt die Redensart πρότασιν λαβεῖν διὰ — voraus: aus
Etwas Voraussetzung ableiten, eine Voraussetzung durch Folgerungen erhalten, gewinnen.
Die Praemissen ruhen ja auch nicht alle auf sich selber, oder werden vom νοῦς in unmittel-
barer Berührung ergriffen, sondern wenn auch Einiges ἐκ πρώτων geschlossen wird; das
Meiste aber folgt ἐκ τινων, ἃ διά τινων πρώτων τῆς περὶ αὐτὰ γνώσεως τὴν ἀρχὴν εἰ-
ληφεν (Top. I, 1; 100ᵃ 29); oder anders ausgedrückt: man kann eine Praemisse ἁπλῶς λαβεῖν,
aber auch διὰ συλλογισμοῦ λαβεῖν τὴν ὑπόληψιν, sich die Annahme auch durch Schlüsse
verschaffen (Anal. post. I, 16. 79ᵇ 26). — Top. VIII, 1; 155ᵇ 29 empfiehlt Ar. dem Dialektiker
die προτάσεις, aus denen er Etwas beweisen will, durch eine lange Kette von begründenden
Schlüssen vorzubereiten (ἀποστατέον ὅτι ἀνωτάτω), aus diesen die Voraussetzungen erst ab-
zuleiten. Oder δι' ἐπαγωγῆς ληπτέον; woran die allgemeine Bemerkung geknüpft wird
l. 35: ἢ γὰρ διὰ συλλογισμοῦ ἢ δι' ἐπαγωγῆς τὰς ἀναγκαίας (προτάσεις) ληπτέον.

Προτάσεις λαβεῖν kann demnach auch heissen: Voraussetzungen gewinnen. In dem Sinne
des Gewinnens sagt Aristoteles auch ἀπόδειξιν λαβεῖν im Gegensatz zu ἀπόδειξιν ἔχειν, ja
sogar neben ἐπάγειν: συλλογισμὸν λαβεῖν (cfr. An. post. A, 1; 71ᵃ 25, *l). — Unsere Voraussetzung nun ist, wie wir sahen, unmittelbar gewonnen, daher ist nicht erst hinzugesetzt διὰ
συλλογισμοῦ; man könnte höchstens ergänzen, δι' ἀκολουθήσεως κατ' ἀντίφασιν.[2]) Es heisst
also: Er glaubt durch unmittelbaren Schluss die Voraussetzung erhalten zu haben, dass,
wenn u. s. w. — Eine Voraussetzung, sagten wir, sei durch Paralogismus gewonnen;

---

[1]) Es sei erlaubt, ein für alle Mal auf die Oberflächlichkeit der St. Hilaire'schen Arbeit hinzuweisen, damit man sich durch dieselbe nicht länger geirrt fühle. Er bemerkt zu der Stelle I, 444: *Il ne semble pas,
que le principe de Mélissus, présenté comme il l'est ici, soit aussi faux, qu' Aristote le dit, du moins la réfutation
n'est pas peremptoire.*" (!) — Das Formelle des Schlusses ist aber doch so unlogisch als möglich, sollte also die
Conclusio trotzdem gelten, müsste man mit Aristoteles sagen: ἐλήχθη μὲν κάκεῖνο, ἀλλ' οὐ συλλελόγισται (Soph.
El. I, 6; 168, 21). Die Erklärer, alle wie neue, führt St. Hilaire fort, geben nichts Genügendes über die Stelle.
Auch Simplicius' Bemerkungen *n'ont pas très-bien réussi; et il ne fait pas voir non plus, en quoi pèche le
raisonnement de Mélissus.* Er sagt ja aber doch aristotelisch und richtig mit den deutlichsten Worten,
dass der Schlusssatz oben convertirt werden müsse!

[2]) Simpl. (Sch. coll. 330 ᵇ16): τὸ μὲν ἀσυλλόγιστον ἐκ τοῦ τὴν ἀκολουθίαν ἀνάπαλιν ἢ ἐχρῆν λαβεῖν ἠπάτατο.

2

sehr gut kann also mit καὶ τοῦτο fortgefahren werden, wo wieder falsche ὑπολήψεις gerügt werden, die auch erschlichen sind, auf der Erweiterung der Begriffe Anfang und Werden beruhen. Und der Grund, weswegen die Disposition nicht klar durchgeführt scheint, liegt nun, man sieht es leicht, darin, dass schon in der Aufstellung der Praemissen ein Fehlschluss nachgewiesen werden musste.

Es folgt die Widerlegung des Parmenides. Aristoteles zeigt, dass, mag man das ὄν als συμβεβηκός, ὑπάρχον fassen (I), oder als οὐσία (II), man auf ein οὐκ ὄν (a) oder auf πολλά (b) stösst. Der apagogische Beweis ruht auf der Voraussetzung, dass jedes Ding ist ein Zusammen von Substanz und Attribut.

Das scheint wenigstens der allgemeine Gedankengang und Sinn der schwierigen Auseinandersetzung 186 ᵃ25 — ᵇ12 zu sein.

I. Zuerst wird das Seiende, indem der Anschaulichkeit wegen dafür ein bestimmtes, concretes Sein, das Weisssein, substituirt wird, als Attribut einer Substanz gefasst. Dann hat man begrifflich Zwei (πολλά, b) und nicht Eins; ἄλλο γὰρ ἔσται τὸ εἶναι λευκῷ καὶ τὸ δεδεγμένῳ: der Träger und die Eigenschaft sind verschieden (186ᵃ 25 — 32). Auf diese Voraussetzung (I) kommt er, nachdem er (l. 32—34) bemerkt hat, dass aus dem Gesagten nothwendig folge, das Seiende als ὅπερ ὄν, als οὐσία zu fassen (II), wieder zurück, indem er zu diesem Schluss folgende Begründung hinzufügt: τὸ γὰρ συμβεβηκὸς καθ' ὑποκειμένου τινὸς λέγεται und dieses in die weitere Consequenz führt, dass das ὑποκείμενον, wenn das συμβεβηκός allein ein ὄν ist, ein οὐκ ὄν sein muss, (ᵃ35 — ᵇ4; — Ia).

Das Uebrige, also die eingestreuten Worte ᵃ32 — 34: ἀνάγκη δὴ λαβεῖν μὴ μόνον ἓν σημαίνειν τὸ ὄν, καθ' οὗ ἂν κατηγορηθῇ, ἀλλὰ καὶ ὅπερ ὄν καὶ ὅπερ ἕν, und ᵇ5 sqq. beschäftigen sich nun mit der zweiten Voraussetzung, dass das ὄν nicht ein ἕν ist, von dem es als Praedicat ausgesagt wird, sondern selbst Wesenheit; und es wird gezeigt, dass es so nicht minder ein οὐκ ὄν gibt und dass auch so das Seiende Vieles ist; a wird wieder mit Hülfe des concreten Beispiels des Weissen dargethan: 186 ᵇ4—10; der Beweis schliesst: τὸ ἄρα ὅπερ ὄν οὐκ ὄν, daraus folgt dann weiter l. 10—12: πλείω ἄρα σημαίνει τὸ ὄν (b).

In diesen Rahmen ist also die Beweisführung eingespannt. Man übersieht die Disposition nicht gleich, weil, nachdem aus der ersten Annahme das Gegentheil des von Parmenides Beabsichtigten sich ergeben hat, gleich die Nothwendigkeit der zweiten Annahme daraus gefolgert wird, und dann erst die zweite Unmöglichkeit, welche aus der ersten Annahme folgt, als Grund zur nothwendigen Setzung der zweiten nachgebracht wird. Also

I. Das ὄν συμβεβηκός,
    falsch *a)* denn dann giebt's Vieles, also
II. das ὄν οὐσία — denn 1. auch unmöglich,
    weil *b)* es unter dieser Voraussetzung ein οὐκ ὄν gibt.
Auch aus II. ergeben sich a und b.[1])

Wir folgen weiter dem Aristotelischen Text (ᵇ12—35): Aus der Voraussetzung, dass das ὄν ὅπερ ὄν ist, ergeben sich noch andere Unzuträglichkeiten; — dann kann es auch keine Grösse haben; (und die hat es doch, wie man sieht): οὐτοίνυν οὐδὲ μέγεθος ἕξει τὸ ὄν, εἴπερ ὅπερ ὄν τὸ ὄν. ἑκατέρῳ γὰρ ἕτερον τὸ εἶναι τῶν μορίων.

---

[1]) Simpl. [Sch. coll. 332, 11]: ἐν τῇ λέξει πολλὴν ἐνάργειαν ἐποίησε τῷ ὑποθέμενος αὐτὸν οὐσίαν τὸ ὄν πάλιν ὅτι μὴ συμβεβηκὸς δεικνύναι.

Ich stosse zunächst an τοίνυν an; — ein σημεῖον, dass es einige Schwierigkeit hat, ist, dass es St. Hilaire einfach wegläast, wie oben das οἴεται. Es scheint doch, als werde nicht eine Folgerung aus den oben entwickelten Gedanken gemacht, sondern etwas Neues gegen die Eleatische Lehre in der Fassung des ὄν als ὅπερ ὄν vorgebracht. Man sollte also ἔτι für τοίνυν erwarten.

Jedoch wieder nur auf den ersten Blick! Näher erwogen, enthüllt sich der Satz wirklich als Folgerung.

Aristoteles verfolgt nämlich, wie uns gleich klar werden wird, seiner Gewohnheit gemäss die angegriffene Lehre auch in ihre Consequenzen, hier in Consequenzen, die der Eleat Zeno, um die Theorieen seines Meisters πρὸς τοὺς ἐπιχειροῦντας αὐτὸν κωμῳδεῖν zu schützen, schon gezogen hatte. Der Sinn des Satzes ist also: Demnach wird auch wirklich — wie Zeno behauptet — das Sein keine Grösse haben können, wenn das Seiende ὅπερ ὄν ist; — und das verstösst gegen den Augenschein. Nicht ein innerer Widerspruch also in der Eleatischen Lehre selbst wird hier aufgedeckt — wie es vorher geschah — sondern es wird die eigene Consequenz des Eleaten Zeno (Parmenides lehrte, das Sein sei πεπερασμένον) als richtig acceptirt und an dem Augenschein vernichtet, damit zugleich die Voraussetzung falle.[1]

Als Grund nun für die von Zeno gezogene und von Aristoteles approbirte Consequenz, dass das ὄν keine Grösse hat, wird Folgendes angegeben:

ἑκατέρῳ γὰρ ἕτερον τὸ εἶναι τῶν μορίων.

Brandis S. 597: „Denn bei beiden ist das Sein von den Theilen verschieden;" dazu die Anmerkung: „d. h. dem μέγεθος und ὅπερ ὄν. Dass bei ersterem die Theile vom Ganzen verschieden sind, wird als selbstverständlich vorausgesetzt; dass aber auch bei Letzterem im Folgenden nachgewiesen."

Ich denke, von dem Letzteren ist hier überhaupt nur die Rede. Ferner wäre der Grund für die Grössenlosigkeit des ὄν als ὅπερ ὄν der, dass bei dem μέγεθος sowohl, wie beim ὅπερ ὄν die Theile vom Ganzen verschieden sind, so müsste doch vorher eine Behauptung stehen, wie: τὸ ὄν οὔτε μέγεθος ἔχει οὐθ' ὅπερ ὄν ἔστιν — die nicht dasteht. Und das ὅπερ ὄν an sich, nicht in Verbindung mit der Ausdehnung gefasst, lässt ja gar keine Theilung zu.

Um die Worte richtig zu verstehen, muss man von Neuem an die Argumente Zeno's[2] erinnern. Er sagte, so erfahren wir von Alexander in einem Fragment bei Simpl. f. 29: ὡς εἰ μέγεθος ἔχοι τι ὄν — καὶ διαιρεῖτο, πολλὰ τὸ ὄν καὶ οὐκέτι ἓν ἔσεσθαι. Soll also die Parmenideische Einheit des S ins aufrecht erhalten werden, so darf das Seiende keine Grösse haben, denn dann lässt es sich theilen und dann haben wir Vieles. Das ist ganz der Gedanke, der hier verlangt wird: und der nicht etwa durch Conjectur eingesetzt zu werden braucht, sondern der dasteht.

Um zunächst das ἑκατέρῳ richtig zu beziehen, muss man voraussetzen, dass Aristoteles bei der Theilung, durch welche er offenbar die Unmöglichkeit, das Seiende ausgedehnt zu denken, begründen will, wieder im Anschluss an Zeno, Dichotomie vor Augen hatte. Zeno nämlich erwies, natürlich nur hypothetisch, sowohl τὸ κατὰ τὸ πλῆθος ἄπειρον wie τὸ κατὰ τὸ μέγεθος ἐκ τῆς διχοτομίας. (Simpl. f. 30ᵃ).[3] Er zeigte, um die sinnliche Wahrnehmung,

---

[1] Aehnlich erklärt Simplicius gegen die Menge der Exegeten.

[2] Denn gegen ihn scheinen die Worte allein gerichtet: οὔτε γὰρ ἐν τοῖς Παρμενίδειος ἔκειν λέγεταί τι τοιοῦτον καὶ ἡ κλῆσις ἱστορία τὴν ἐκ τῆς διχοτομίας ἀπορίαν εἰς τὸν Ζήνωνα ἀναπέμπει. (Simpl. Sch. a. 334ᵃ 17-21).

[3] Wenn also Aristoteles selbst nachher von einem λόγος der Eleaten spricht (162 bᵇ), den er in seiner kurzen Weise der τῆς διχοτομίας nennt, so bezieht er sich damit auf den hier angedeuteten Beweis des Zeno zurück.

den einzigen und vorgeblich sicheren Führer der Meisten, mit sich selbst zu verwirren, dass man, wenn das Seiende Grösse hat, durch fortgesetzte Zweitheilung es bis in's Unendliche verkleinern kann, so dass οὐδὲν ἔσται ἀκριβῶς ἐν διὰ τὴν ἐπ' ἄπειρον τομὴν τῶν σωμάτων (Sch. 334 ᵃ7 n. 12). — Steht diese Beziehung der Stelle auf die Dichotomie des Zeno[1] fest, so ist ἐκατέρῳ mit τῶν μορίων zusammenzuziehen, und der Grund, weswegen das ὄν als ὅπερ ὄν keine Grösse hat, ist der: hätte es Grösse, liesse es auch, wie Zeno zeigte, fortgesetzte Zweitheilung zu; dann käme aber jedesmal dem Theil ein anderes Sein zu — es gäbe viele Seiende.

Diese Sätze sind mit Weglassung des aus der Eleatischen Lehre hinlänglich bekannten Mittelgliedes, zu den beiden kurzen, an sich wie Orakel klingenden Behauptungen gleichsam condensirt, die aus der ganzen Zenonischen Schlusskette nur wie die höchsten Spitzen herausragen, die aber in dem philosophischen Bewusstsein der Aristotelischen Zeit die ganze Fülle der Vorstellungen weckten, die Zeno mit Grösse und Theilbarkeit in Zusammenhang gebracht hatte: „das Seiende als ὅπερ ὄν hat demnach auch keine Grösse, denn jeder der beiden Theile hat ein von dem Ganzen verschiedenes Sein." Das ist uns Spätern unverständlich, weil die hinzuzudenkenden Mittel- und Nebengedanken in unserm Bewusstsein nicht gleich mitgerufen werden, wenn eine der Ideen angeschlagen wird.

Eine Frage, die der aufmerksame Leser gewiss schon lange gern gegen diese Deduktionen vorgebracht hätte, habe ich absichtlich bis zuletzt zurückgedrängt: Wie konnte aber Aristoteles den Aporieen des Zeno so beipflichten, dass man fast geneigt ist, die Folgerungen jenes für seine eigenen zu halten? Die Beziehung der Gesagten auf Zeno wäre, sobald Aristoteles das nicht auch mit gutem Gewissen unterschreiben könnte, eine leere Ausflucht.

Folgende zwei Sätze gelten dem Aristoteles für unumstössliche Axiome: 1) Alles Ausgedehnte lässt sich theilen; 2) der Theil ist dem Wesen nach dasselbe wie das Ganze.

1) πᾶν μέγεθος εἰς μεγέθη διαιρετόν, εἰς ἄπειρον διαιρετόν τὸ συνεχές, ἄπειροι αἱ διχοτομίαι τοῦ μεγέθους sind geläufige Aristotelische Behauptungen. Dieses Axiom der allgemeinen unendlichen Theilbarkeit der Körper zu leugnen und z. B. von „ἄτομοι γραμμαί" zu sprechen, heisst ihm gegen die ἀκριβέστατα ἐπιστήμαι kämpfen, bloss um aus Caprice seine Meinung zu behaupten. Der Mathematiker nimmt sogar das νητόν als theilbar an und man wollte die Theilbarkeit des αἰσθητόν in Abrede stellen!

2) Wie die Theile der Luft wieder Luft sind, so ist bei Allem, was als solches, ἢ τοιοῦτον theilbar ist, der Theil desselben Wesens mit dem Ganzen. Ist z. B. das ἄπειρον nach Anaxagoras Etwas, was στηρίζει αὐτό, ἐν ἑαυτῷ μένει, so muss auch von den Theilen dasselbe gelten: ὡς τὸ ἄπειρον ἐν ἑαυτῷ μένει, οὕτω κἂν ὁτιοῦν ληφθῇ μέρος ἐν ἑαυτῷ μενεῖ (Phys. Γ. 5, 205 ᵇ19. 20).[2] In unserer Stelle heisst's nun vom ὄν, es sei οὐσία; also wird, wenn es

---

[1] Noch ein Paar Notizen mögen mitgetheilt werden, um zu zeigen, wie sehr die alten Philosophen überhaupt gewöhnt waren, bei Theilung an Zerlegung in Hälften zu denken. Phys. IV, 11 gegen Ende ist von der Theilung einer Linie durch Punkte die Rede: αἱ στιγμαί, heisst's da, sind nicht Theile der Linie, αἱ δὲ γραμμαί αἱ δύο τῆς μιᾶς μόρια. — Ferner ist daraus wohl zu erklären, wenn bei Aristoteles die Begriffe der Subtraction und Division ineinandergehen, wovon unten wieder die Rede sein wird: ἀφαίρεσις und καθαίρεσις werden ohne Weiteres für διαίρεσις gesetzt z. B. 204, 7; 206, 15, 17. ᵇ14. Das ist nur möglich, wenn in zwei Theile zerlegt wird; wenn ich dann immer nur den einen weiter halbire, so ist das ebensogut, als wenn ich von dem Ganzen nacheinander ½, ¼, ⅛ u. s. w. subtrahire. — Die Pythagoreer machten das ἄπειρον zum Stammbilde des ἄπειρον, denn τὸ εἰς ἴσα διαιρούμενον ἄπειρον κατὰ τὴν διχοτομίαν: die Theilung in Hälften geht in's Unendliche. (Simpl. fol. 105; Sch. a. 362, 15).

[2] Die Pythagoreer stossen sich freilich nicht einmal an solche Ungetheiltheit; für sie ist das ἄπειρον οὐσία und als solche doch theilbar; es wird aber bei der Theilung in neue ἄπειρα zerfallen.

Grösse hat, es getheilt werden müssen — denn ἄτομον οὐκ ἔσται — in neue οὐσίαι; es entstehen unendliche von einander getrennte οὐσίαι, die Einheit des Seins ist vernichtet. — Die Consequenzen also des Zeno unterschreibt Aristoteles vollständig; sie sind strict gezogen; aber, würde er, wenn er sich hier mehr Worte gegönnt hätte, etwa gesagt haben: ὁ λόγος οὐ συνᾴδει τοῖς φαινομένοις; die Welt ist ausgedehnt, also die Praemissen falsch.

Aber die Theilung und alle daraus folgenden Misstände, also vorzüglich den Widerspruch, dass Eins Vieles ist, können sie auch sonst nicht umgehen, oder sie müssten das Definiren aufgeben; denn wie es cap. 2, 185ᵇ 32 heisst: πολλὰ τὰ ὄντα ἢ λόγῳ ἢ διαιρέται oder Met. Δ, 25; 1023ᵇ 22; ὅτι τὰ ἐν τῷ λόγῳ τῷ δηλοῦντι ἕκαστον καὶ ταῦτα μόρια τοῦ ὅλου.

Davon ist nun im Folgenden von 186ᵇ 14 an die Rede: ὅτι δὲ διαιρεῖται τὸ ὅπερ ὄν εἰς ὅπερ ὄν τι ἄλλο καὶ τῷ λόγῳ φανερόν; z. B. ist ein Mensch ein ζῷον δίπουν, so zerfällt das Eine ὅπερ ὄν: Mensch in die beiden Bestandtheile: ζῷον und δίπουν, von denen jedes nun ein ὅπερ ὄν sein muss.

Oder sind sie etwa συμβεβηκότα? συμβεβηκός ist 1) dasjenige, in welchem der Begriff dessen, von dem es ausgesagt wird, als nothwendige Voraussetzung mitenthalten ist, wie ἐν τῷ σιμῷ ὁ λόγος ὁ τῆς ῥινός. Ist das bei den Theilen der obigen Definition auch der Fall? steckt der Begriff des Menschen auf diese Weise in den Begriffen: animalisches Wesen und zweifüssig? Nein.[1] 2) ist συμβεβηκός dasjenige, was nur zufällig einem Dinge zukommt, nicht sein Wesen ausmacht, von ihm trennbar (χωριστόν) ist, ebenso gut von anderen ausgesagt werden kann. So ist das καθῆσθαι zufällig am Menschen. Kann aber der Mensch zufällig auch einmal nicht ein ζῷον δίπουν sein? Die Theile der Definition sind wesentliche Bestandtheile. Wäre es aber möglich, dass τὸ δίπουν und τὸ ζῷον auch einem Andern zukäme, und nicht jedes ὅπερ ὄν τι wäre, so gehörte auch der Mensch selbst, dessen Wesen sich aus diesen Begriffen constituirt, zu den συμβεβηκότα ἑτέρῳ. Nun folgen die Worte:[2]

ἀλλὰ τὸ ὅπερ ὄν τι ἔστω μηδενὶ συμβεβηκός, καὶ καθ' οὗ ἄμφω, καὶ ἑκάτερον καὶ τὸ ἐκ τούτων λεγέσθω· ἐξ ἀδιαιρέτων ἄρα τὸ πᾶν.

Simpl. führt f. 28 den Sinn des ganzen Abschnitts nach Alexander an und schliesst mit den Worten: αὕτη μὲν ἡ ὅλη τῶν εἰρημένων ἔννοια. Dann fährt er fort (Sch. c. 333, 12): κατὰ δὲ τὴν λέξιν, ὅταν λέγῃ κ. τ. λ. — es folgt 186ᵇ 23. 24. ganz nach unserm Text mit Alexanders Erläuterung dieser Worte — τὸ δὲ „καθ' οὗ ἄμφω καὶ ἑκάτερον καὶ τὸ ἐκ τούτων λεγέσθω" wird so erklärt: καθόλου τὸ ἐκ τῶν μερῶν συγκείμενον τοῦτο ἔστω καὶ λεγέσθω ὅπερ καὶ τὰ μέρη ἄμφω καὶ ἑκάτερον, εἰ τὰ μέρη συμβεβηκότα, καὶ τὸ ὅλον.

Diese Erklärung berücksichtigt offenbar das καθ' οὗ gar nicht und fügt, die anderen hinzugethanen Wörter, die leicht auf den Text zurückzuführen sind, abgerechnet, dafür etwas

---

[1] Dieser letzte Gedanke ist bei Aristoteles so ausgedrückt: ἔστι ἐν τῷ ὁριστικῷ λόγῳ ἐνεστιν ἢ ἐξ ὧν ἐστίν (ὁ λόγος), ἐν τῷ λόγῳ τούτων οὐκ ἐνυπάρχει ὁ λόγος ὁ τοῦ ὅλου, οἷον ἐν τῷ δίποδι ἢ τοῦ ἀνθρώπου. St. Hilaire findet diesen Paragraphen dunkel und weiss nicht, wie er die Widerlegung fortsetze. (I, 450 Anm.). Er ist weder dunkel noch überflüssig; er weist nach, dass die *notae* des Begriffs keine συμβεβηκότα sind in der ersten von uns angeführten Fassung. St. Hilaire gibt dann einen „lieu des idées" an — von dem nicht ein Wort im Aristoteles steht. Wen's interessirt, der sehe es bei ihm selbst nach und erkundige sich darum!

[2] 186 ᵇ23 sqq.

dem Sinne nach Befremdliches, den Buchstaben nach dem Ausgelassenen so Aehnliches wie καθόλου ein. Nun lässt sich, falls man die Stelle des Alexander selbst für verderbt halten wollte, in der Erklärung durchaus καθ' ού für καθόλου nicht einschieben; sollte das Umgekehrte nothwendig werden?

Simplicius führt nach dem eben Mitgetheilten als eine auch mögliche und von Ar. vorgezogene Erklärung die Umkehrung des Satzes an, so dass, was jetzt relativisch ist, demonstrativisch gefasst wird: ἢ μᾶλλον ἀνάπαλιν, ὅτι καὶ τὰ μέρη λεγέσθω τοῦτο ὅπερ καὶ τὸ ἐκ τῶν μερῶν. Welche Metathesis der Wörter des Textes müsste eintreten, um diesen Sinn zu erhalten? καθ' ού aber ist auch durch diese Uebertragung nicht garantirt, denn τοῦτο ὅπερ, was ausserdem καθ' ού noch sehr ungenau wiedergäbe, fand sich schon in der ersten Paraphrase, die an der Stelle von καθ' ού: καθόλου hatte. Schwerlich erklärte also Alexander unsern Text.

Simplicius fährt fort: γράφεται δὲ „καὶ καθ' ού[1]) ἄμφω κ.τ.λ." — Wenn nach den Worten des Alexander, wie sie oben ausgezogen, so fortgefahren wird, so soll doch eine andere Lesart neben der von ihm erklärten angeführt werden, die mit seiner Erklärung nicht stimmt und die, wie es scheint, als die echte gepriesen wird: „γράφεται δὲ, es wird aber geschrieben", mag Alexander lesen wie er will! Dass jedenfalls eine zweite Lesart gegeben wird, geht aus dem erneuten Versuch zu erklären hervor: τουτέστι κ.τ.λ. Was wäre auch an einer solchen Differenz zwischen dem Text des Alexander und des Simplicius Wunderbares? Simpl. erwähnt solche Abweichungen häufig; Sch. c. 336ᵃ·13 sqq. erfahren wir z. B. zwei Sätze aus Alexandrinischen Handschriften, welche die auf Simplicius gekommenen βιβλία nicht mehr hatten.

Wollten wir gleichwohl noch zweifeln, dass die erste γραφή sich eben von der zweiten durch das καθόλου unterschied, so wird uns folgende Stelle des Simplicius die Zustimmung, denke ich, abnöthigen.

Simplicius sagt weiter unten (Sch. coll. 333, 38 sqq.): ἐὰν δὲ ἔχῃ ἡ γραφὴ τὸ „καὶ ἑκάτερον", οὕτως ἐξηγητέον· καὶ καθ' ού ἄμφω ἅμα τὰ μέρη κατηγορεῖται καὶ ἑκάτερον ἰδίᾳ, κατηγορηθήσεται καὶ τὸ ὅλον τὸ ἐκ τούτων συγκείμενον. — Das ist doch aber nicht die Erklärung des καὶ ἑκάτερον, sondern die des ganzen Satzes in der gewöhnlichen Fassung auch unseres Textes. — ἐὰν δὲ ἢ ἡ γραφὴ „καὶ καθόλου" οὕτω νοητέον. Es folgt eine neue Erklärung des ganzen Satzes, aber mit καθόλου für καθ' ού: καὶ καθολικῷ λόγῳ ἄμφω ἐπὶ τοῦ αὐτοῦ κατηγορηθήσεται, ἐφ' οὗ τὰ μέρη, ἐπὶ τούτου καὶ τὸ ὅλον καὶ τὸ ἐκ καὶ ἐμπαλιν: ganz den vorhin mitgetheilten beiden Erklärungsversuchen des Alexander entsprechend.

Man sieht, es ist in dem ersten Lemma zu lesen für καὶ ἑκάτερον: καὶ καθ' ού, oder vielleicht der ganze Satz bis καὶ ἑκάτερον. Denn καθ' ού und καθόλου stehen sich als die beiden verschiedenen Lesarten gegenüber: nicht καὶ ἑκάτερον und καὶ καθόλου: wollte ich das Letztere für καὶ ἑκάτερον in den Text setzen, ergäbe sich nur Unsinn. Ist es nun sicher, dass diese beiden Lesarten vorhanden waren, und dass nach der einen gelesen und erklärt wurde von Alexander, so möchte sich zunächst noch oben für γράφεται δὲ „καὶ κ.τ.λ." empfehlen: γράφεται δὲ καὶ „καθ' ού κ. τ. λ.": Es findet sich aber auch die Lesart![2]) Sonst würde durch die Einleitung: „es wird aber geschrieben," die zweite der ersten so entgegengesetzt, als ob jene nur auf Conjectur beruht hätte. Beides sind aber γραφαί, zwischen denen wir wählen müssen.

---

[1] So Brandis in den Scholl. coll. Es wird sich zeigen, dass besser abzutheilen ist: καὶ „καθ' ού κ.τ.λ.

[2] Es wäre ja auch abenteuerlich zu glauben, auf die Zusetzung oder Weglassung des καὶ gründe sich die verschiedene Erklärungsweise des Simplicius und Alexander.

Halten wir uns zunächst an die Lesart des Simplicius! Brandis paraphrasirt S. 598: „Wovon beides gilt, davon gilt auch jedes von beiden und was aus ihnen besteht." Man sieht: genau nach der Bekk'schen Interpunktion, mit Komma hinter ἄμφω; ähnlich Prantl. Gerade die Uebersetzung macht es aber so klar als möglich, dass falsch interpungirt ist; denn wenn ich neben einander sage: wovon Beides gilt, gilt auch jedes von Beiden, so meine ich unter „Beides" das Zusammen, also dasselbe, was an zweiter Stelle daraus geschlossen wird: „Beides" und „was aus ihnen (beiden) besteht", ist dann identisch. Und was wäre denn das für ein fruchttragender Schluss, dass, wovon Thier und zweifüssig ausgesagt werden, davon auch sowohl Thier als auch zweifüssig gelte? Kurz es ist vielmehr mit Simplicius und J. Pacius zu interpungiren: καὶ οὖ ἄμφω καὶ ἑκάτερον, καὶ τὸ ἐκ τούτων λεγέσθω, wovon beide Theile und jeder für sich ausgesagt werden, davon muss auch das Ganze, welches aus ihnen besteht, ausgesagt werden; d. h. angewandt auf den concreten Fall: ἄνθρωπος ist Praedikat desselben Subjectes, von dem ζῷον und δίπουν einzeln oder zusammen praedicirt werden. Dass aber in diesem Sinne allein der Satz, für sich genommen, zu erklären ist, lehrt die bei Ar. durchgängig beobachtete Gleichstellung des λέγεσθαι und κατηγορεῖσθαι κατά τινος. [1]

Passt nun ein solcher Gedanke in den Zusammenhang?

„Auch die Definition zeigt die Theilung eines ὅπερ ὄν in mehrere. Oder es müssten z. B. die Bestandtheile der Definition des Menschen συμβεβηκότα τινὶ ὑποκειμένῳ sein; z. B. τῷ ἀνθρώπῳ. Dann wären τὸ δίπουν und τὸ ζῷον χωριστά, d. h. der Mensch könnte auch beides einmal nicht sein; beide Begriffe könnten auch einem Andern zukommen. εἰ δ' ἄλλῳ συμβέβηκε τὸ δίπουν καὶ τὸ ζῷον καὶ μή, ἔστιν ἑκάτερον ὅπερ ὄν τι, καὶ ὁ ἄνθρωπος ἂν εἴη τῶν συμβεβηκότων ἑτέρῳ. ἀλλὰ τὸ ὅπερ ὄν[τι][2]) (als was der Mensch vorausgesetzt war) ἔστω μηδενὶ συμβεβηκός, καὶ καθ' οὗ ἄμφω καὶ ἑκάτερον, καὶ τὸ ἐκ τούτων λεγέσθω· ἐξ ἀδιαιρέτων ἄρα τὸ πᾶν."

An zwei Gebrechen, so viel ich sehe, leidet diese Gedankenfolge. Erstens, mag der letzte Satz heissen, was er will, das Eine ist, denke ich klar, dass er einen Schluss enthält, der von den Theilen des Ganzen aussagt, dass sie ἀδιαίρετα sind; die beiden vorigen Sätze sprachen aber gar nicht von Theilen, sondern von dem Ganzen, dem ἐκ τούτων συγκείμενον: Mensch. Von diesem hiess es, dass es μηδενὶ συμβεβηκός sei — und dass, wovon die Theile Praedicat seien, davon auch das Ganze. Wie kann daraus geschlossen werden: also sind die Theile ἀδιαίρετα? Zweitens weist der ganze Sinn dem Satze καὶ καθ' οὗ κ.τ.λ., der so schlecht zu dem angereihten Schluss mit ἄρα passt, die Stelle vorher an, wo eben geschlossen werden soll: καὶ ὁ ἄνθρωπος ἂν εἴη τῶν συμβεβηκότων ἑτέρῳ. Man sehe! „Wenn die Definition der Bestandtheile des Menschen zufällige Praedikate eines Andern sind, so auch der Mensch selbst: denn wovon die Notae eines Begriffs einzeln und zusammen ausgesagt werden, davon auch der aus ihnen constituirte Begriff selbst! — Aber der Begriff Mensch ist ein ὅπερ ὄν, also nie ein συμβεβηκός — also", man würde es erwarten, und es wird sich zeigen, dass es dasteht, „auch seine Theilvorstellungen keine συμβεβηκότα."

Auch Simplicius weist den von ihm Zusammenhang zwischen den beiden Sätzen: καὶ ὁ ἄνθρωπος ἂν εἴη τῶν συμβεβηκότων ἑτέρῳ, und καὶ καθ' οὗ κ.τ.λ. hin; ὧν μεταξύ, sagt er, παρέλαβε τὸ „ἀλλὰ τὸ ὅπερ ὄν ἔστω μηδενὶ συμβεβηκός."

---

[1]) Es bedarf kaum der Belege; vergleiche jedoch, damit die Meinung des Obigen deutlich werde z. B. Anal. pr. A. 1, 24 ᵇ28: λέγομεν τὸ κατὰ παντὸς κατηγορεῖσθαι, ὅταν μηδὲν ᾖ λαβεῖν τῶν τοῦ ὑποκειμένου, καθ' οὗ θάτερον (das Praedicat) οὐ λεχθήσεται.

[2]) Zu tilgen nach pr. E. und Simpl.

Wollte man den Satz καθ' οὗ κ. τ. λ. mit dem im Text folgenden: also besteht das Ganze aus „nothwendigen Wesenheiten" (s. u.) verbinden, so müsste er offenbar umgekehrt lauten: was vom Ganzen gilt, das auch von den Theilen; das Ganze ist ὅπερ ὄν und ein συμβεβηκός, also — auch die Theile keine συμβεβηκότα.

Das erinnert an die zweite Erklärung Alexanders: „Im Allgemeinen," paraphrasirt er, „soll das Ganze das sein und genannt werden, was die beiden Theile, ἢ μᾶλλον ἀνάπαλιν· τὰ μέρη λεγέσθω τοῦτο ὅπερ καὶ τὸ ἐκ τῶν μερῶν." Wir werden also, scheint es, wenn uns die Annahme des Simplicius, Ar. habe selbst seine zusammengehörigen Sätze so ungeschickt unterbrochen, nicht behagt, zu der Lesart Alexander's gedrängt.

Jedoch ich fürchte, auch auf diesem Wege, der eine so heitere Aussicht zu bieten scheint, kommen wir nicht aus der Bedrängniss. Gesetzt die blosse Einsetzung des καθόλου für καθ' οὗ, oder vielleicht eine leichte und sich empfehlende Aenderung ausserdem, brächte uns den von Alexander an zweiter Stelle umschriebenen Sinn, den ja auch der Schlusssatz an sich zu verlangen scheint: was trauen wir damit dem Ar. zu?

Zuerst bereitet er durch peinliche Unterscheidung zweier verschiedenen Bedeutungen des συμβεβηκός das Absurdum vor: auch der als ὅπερ ὄν vorausgesetzte Begriff ἄνθρωπος ist συμβεβηκός ἑτέρῳ — so daß er nun den auf apagogischem Wege gewonnenen Schluss machen kann: also sind die notae der Definition, wie vorausgesetzt war, nicht συμβεβηκότα, sondern auch ὅπερ ὄντα. Da unterbricht er sich selbst; es fällt ihm ein, dass das vorher so mühsam Deducirte, sich geschwind und schlagend durch die simple Bemerkung: „Wäß das Ganze ist, sind auch seine Theile," direkt beweisen lasse? Wozu aber dann all die Umschweife? Könnte er sich schlimmer selbst in's Gesicht schlagen?

Schliesslich fragt sich, ob dem Alexanders Text diesen — oder auch nur den von Simplicius entwickelten Sinn haben könne: καὶ καθόλου ἄμφω καὶ ἑκάτερον καὶ τὸ ἐκ τούτων λεγέσθω. Daraus lässt sich gar kein vernünftiger Gedanke gewinnen: — denn das Praedikat fehlt. Wo hatte nun Alexander sein τοῦτο, ὅπερ her, was in beiden Erklärungen figurirt? Es fehlt ja im Satz jede Andeutung der Parallelisirung und Correlation. — Hat er sich nicht die grösste Ungenauigkeit zu Schulden kommen lassen, so müssen wir wohl annehmen, dass noch mit einem ταῦτο oder κατὰ ταυτόν oder ὁμοίως o. Aehnl. die Gleichartigkeit der Beziehung von Ganzem und Theilen so ausgedrückt war, dass beide Erklärungen, die er giebt, gleich sehr möglich waren. So verlieren wir uns aber in die sehr schlüpfrigen Wege anhaltsloser Conjectur. Ausserdem hätte solche Annahme noch das Missliche, dass Aristoteles eine Ausdruckweise gewählt hätte, welche der unmöglichen zweiten Erklärung, die ihn so compromittirt hätte, Thür und Thor öffnete.

Und ist allein die erste Erklärung Alexanders richtig, so empfiehlt sich denn doch Simplicius' Text, der ohne jegliche Aenderung denselben Sinn gibt, in jeder Weise. Es bringen also die Worte den Grund, weshalb auch der Mensch zufälliges Praedikat eines Andern ist, nach.

Ist das aber möglich? — Vielmehr sind die Sätze zu einem ὑποθετικὸς συλλογισμός (nach Art von 187ᵇ 13—20) so zu ordnen:

εἰ δ' ἄλλῳ συμβέβηκε τὸ δίπουν καὶ ζῷον,

καὶ μή ἐστιν ἑκάτερον ὅπερ ὄν τι,

καὶ καθ' οὗ ἄμφω καὶ ἑκάτερον, (κατὰ τούτου) καὶ τὸ ἐκ τούτων λεγέσθω, —

Conclusio: καὶ ὁ ἄνθρωπος ἐν εἴη τῶν συμβεβηκότων ἑτέρῳ.

ἀλλὰ τὸ ὅπερ ὄν ἐστιν μηδενὶ συμβεβηκός·

ἐξ ἀδιαιρέτων ἄρα τὸ πᾶν.

Ich denke, so ist die Schlussfolgerung klar und durchsichtig, deutlich auch, was die letzten Worte ἐξ ἀδιαιρέτων κ.τ.λ. nach dem Zusammenhang heissen müssen. Simplicius und Alexander sagen hier das allein Angemessene, dass nämlich dies die Conclusio des apogogischen Beweises ist, dessen Thesis 186ᵇ 14. steht: ὅτι διαιρεῖται τὸ ὅπερ ὂν εἰς ὅπερ ὂν τι ἄλλο, καὶ τῷ λόγῳ φανερόν. Die Merkmale des Begriffes waren in dem Vorausgegangenen, wie auch sonst, als Theile aufgefasst, der Begriff selbst als das Ganze; in dem „ἐξ ἀδιαιρέτων ἄρα τὸ πᾶν" steckt also das positive Ergebniss der indirecten Deduction, welches gegen die All-Einslehrer spricht: dass bei der Definition jedes Begriffes neue Wesenheiten liegen im γένος und in der specifischen Differenz.

Andere, welche Alexander mit Recht tadelt, fassten den Satz als das Absurdum, in welches der apagogische Beweis ausläuft. Mit dem „ἀλλά" ist aber schon vorher die Ueberführung von dem wirklichen ἄτοπον: καὶ ὁ ἄνθρωπος ἓν εἴη τῶν συμβεβηκότων zur Umkehrung der falschen Voraussetzung, die auf das ἄτοπον hinführte, angebahnt, „ὥστε μὴ ὡς ἄτοπον ἐπέλθαι τὸ „ἐξ ἀδιαιρέτων ἄρα τὸ πᾶν," ἀλλ' ὡς ἀκολουθούμενον τοῖς εἰρημένοις" (Alexander).[1] Ἐξ ἀδιαιρέτων erklären die Alten: ἐκ μὴ συμβεβηκότων μηδὲ χωρίζεσθαι δυναμένων μηδὲ ἄλλης ὄντων φύσεως· ἀλλὰ τῆς αὐτῆς τῷ παντί (Alex.). d. h. ἐξ ωὐτῶν (Simpl.). Kurz gesagt, sie wollen ἀδιαιρέτων = ἀχωρίστων nehmen; also im Gegensatz zu der 186ᵇ 27 bei dem als συμβεβηκὸς τῷ ἀνθρώπῳ gefassten Begriff: ὅπου gemachten Aeusserung, dass es unter solcher Voraussetzung von ihm, dem Menschen, lösbar sei.[2] Eine solche Gleichstellung von ἀδιαίρετος und ἀχώριστος ist mir freilich aus dem Aristoteles nur noch an einer Stelle, von der gleich die Rede sein wird, bekannt. Wenn aber, wie wir oben sahen, διαιρεῖν und ὁρίζειν mit einander wechseln dürfen, so möchte auch χωρίζειν mit seinem Derivatis für die entsprechenden Formen von διαιρεῖν nicht zu undenkbar sein. — Diese eine Stelle aber, wo ἀδιαίρετος dem ἀχώριστος ganz gleichsteht, welche uns zugleich noch einen klareren Blick in den Begriff, wie er hier zu nehmen ist, verschafft, steht Met. I, 1; 1052 ᵇ16. Aristoteles hat im Anfang des Capitels vier Klassen von Dingen aufgezählt, die man als Einheit bezeichnet: τὸ συνεχές, τὸ ὅλον, τὸ καθ' ἕκαστον, τὸ εἶδος; diesen Auseinandersetzungen fügt er l. 36 die Bemerkung bei: πάντα δὲ ταῦτα ἓν τῷ ἀδιαίρετον εἶναι ἢ τὴν κίνησιν, τῶν δὲ τὴν νόησιν ἢ τὸν λόγον. Was ist nun aber der Begriff der Einheit, denn es ist etwas Anderes, die Dinge, denen sie zukommt, und ihr Wesen selbst zu bezeichnen. Dieses wird 1052 ᵃ15 mit deutlicher Rückbeziehung auf die Worte ᵃ36 so definirt: τὸ ἑνὶ εἶναι τὸ ἀδιαιρέτῳ ἐστὶν εἶναι, ὅπερ τῷδε ὂν τι καὶ ἀχωρίστῳ ἢ τόπῳ ἢ εἴδει ἢ διανοίᾳ, ἢ τῷ (τῇ?) ὅλῳ καὶ ἀδιαιρέτῳ. Bonitz will hier zwar das ἀχώριστον auf Grund der Lesart des Cod. Aᵇ (ἰδιαχωριστῷ) in ἰδίᾳ χωριστῷ verwandeln. Jedoch man vergleiche die Parallelstelle Δ, 6: ὅλως δὲ ὧν ἡ νόησις ἀδιαίρετος ἡ νοοῦσα τὸ τί ἦν εἶναι, καὶ μὴ δύναται χωρίσαι μήτε χρόνῳ μήτε τόπῳ μήτε λόγῳ, μάλιστα ταῦτα ἕν: — wo Bonitz die Gleichstellung der „divisio" und „distinctio", mit welchen Wörtern er pag. 237 offenbar die Begriffe wiedergiebt, ohne Bemerkung zulässt. Der Gedanke ist aber dort kein anderer, wie in I, 1: es wird also wohl auch hier zu dulden sein. Wen-

---

[1] Falsch daher Jul. Pacius zu der Stelle: Haec verba sic accepio, ut Ar. deducat Parmenidem ad hanc absurditatem, quod universum constat ex indivisibilibus. Nicht den Parmenides, sondern denjenigen, der etwa, um die Eleatische Lehre zu schützen, die Ausflucht machte, die Merkmale des Begriffes seien συμβεβηκότα; — auch nicht zu dieser Absurdität, sondern zu der: καὶ ὁ ἄνθρωπος κ. τ. λ. — auch nicht universum, sondern unter τὸ πᾶν ist hier zunächst der aus den Theilvorstellung zusammengesetzte Begriff, — vielleicht mit Anspielung an das All, um das sich die ganze Kritik drehte — verstanden. Wie könnte auch Parmenides zu dieser Absurdität gebracht worden? er, dem das All überhaupt nicht aus Etwas bestand. Und woraus wäre das geschlossen? — Auch Prantl findet in dem Schlusssatz eine Widersinnigkeit (pag. 475).

[2] εἰ τοίνυν ταῦτα τούτων ἔχει τὸν τρόπον καὶ τῷ ἀνθρώπῳ συμβέβηκε τὸ ὄτιοῦν, ἀνάγκη χωριστὸν εἶναι αὐτό.

3

den wir diese Sätze auf die Stelle der Physik an, so meint also der Satz ἐξ ἀδιαιρέτων ἄρα τὸ πᾶν, dass die Merkmale eines Begriffs auch Einheiten sind im Sinne dieser Explicationen der Metaphysik: für sich bestehende Monaden, deren Begriff und Wesen andern Wesenheiten gegenüber ein untheilbares, in sich untrennbares Ganzes darstellt, mit jedem Andern also nicht als zufälliges Prädikat copulirt werden kann, es sind ὅπερ ὄντα, οὐσίαι — wie Al. u. Simpl. mit Recht sagen.

Wem etwa noch die Umstellung der Sätze Scrupel machen sollte, der überlege doch, dass das nicht die erste Stelle im Aristoteles ist, wo der natürliche, logische Gedankengang, auf den der ganze Context hinweist, sich auf diese Weise allein herstellen liess. Die Abschreiber übersahen einen Satz, und wenn sie ihren Irrthum gewahr wurden, brachten sie das Ausgelassene an unrechter Stelle nach. So ist es z. B. evident, dass Phys. E, 3 hinter 226ᵇ 32 eingeschaltet werden muss, was sich erst 227ᵃ 7—10 findet. Auf Grund dieser Betrachtung hat noch in neuester Zeit Rassow Nic. Eth. V, 7; 1132ᵃ 24, VI, 5, 1140ᵇ 1 und sonst geändert.

Cap. 7.

Nachdem Ar. cap. 5 aus der Geschichte der Philosophie und aus vorläufigen Bemerkungen über das Werden die Nothwendigkeit, einen letzten Gegensatz, zwei ἐναντία, als Principien anzunehmen, abgeleitet und darauf cap. 6 gezeigt hat, dass diese wieder ein Substrat, an welchem sich ihre Thätigkeit vollzieht, voraussetzen, dass danach also drei Principien zu statuiren wären, — soll nun cap. 7 die „grosse" Frage, ob 2 oder 3 Principien zu setzen sind, noch weiter entwickelt werden (189 ᵇ28 sq.). Ἡδ᾽ οὖν ἡμεῖς λέγομεν[1]) πρῶτον περὶ πάσης γενέσεως ἐπελθόντες: Wir werden die Aporie am besten lösen, wenn wir vorher, wie nun im Folgenden geschieht, im Allgemeinen von der γένεσις gehandelt haben; ἔστι γὰρ κατὰ φύσιν, τὰ κοινὰ πρῶτον εἰπόντας οὕτω τὰ περὶ ἕκαστον ἴδια θεωρεῖν (l. 31 u. 32). Denn es ist naturgemäss, erst das Allgemeine und dann das Besondere zu betrachten. — Das Besondere sind also die näheren Festsetzungen über die Zahl der Principien, über Wesen und Bedeutung der ἐναντία und vorzüglich des ὑποκείμενον, das Allgemeine die jetzt folgenden Sätze περὶ πάσης γενέσεως.[2])

I. Wenn man vom Werden des Einen aus dem Andern spricht, braucht man die dabei in Rede kommenden Begriffe entweder als ἁπλᾶ (a) oder als συγκείμενα (b); α) wenn man sagt: α) der Mensch oder β) das Ungebildete wird gebildet; b) wenn es heisst: der ungebildete Mensch wird ein gebildeter Mensch.

II. Man sagt sowohl: Etwas wird dieses (a), als auch: aus Etwas wird dieses (b)[3]).

III. Bei jedem Werdenden muss man ein bleibendes Substrat (das ὑποκείμενον) unterscheiden von dem wechselnden Zustand (dem ἀντικείμενον).[4]) Ὑποκείμενον und ἀντικείμενον sind zwar ἀριθμῷ ἕν, aber εἴδει δύο (190, 15; ᵇ24), denn das eigentliche ὑποκείμενον bleibt im Wechsel des Werdens (ὑπομένει), das ἀντικείμενον aber verschwindet (οὐχ ὑπομένει) (190, 18).

---

¹) Reuter mit E λέγομεν, vergl. Bonitz a. a. O. pag. 14.

²) Brandis S. 497 übersieht, dass sich der letzte Zusatz auf die Bemerkung bezieht, es solle, um die Zahl der Principien näher zu bestimmen, zuerst über das Werden im Ganzen gehandelt werden — worauf doch das γάρ nothwendig hinweist — sondern glaubt, Aristoteles komme jetzt gleich, mit den Bemerkungen über die verschiedenen Terminologien, die man bei Bezeichnung des Werdens anwendet, zu den ἴδια, nachdem cap. 5 u. 6 von den κοινά die Rede gewesen sei.

³) Die Redensart „ἐκ τινος" hat verschiedene τρόποι der Anwendung. Am Besten sind die verschiedenen Fälle geordnet und erläutert: de Gen. An. I, 18; 724 ᵃ20 sqq.

⁴) So genannt, weil das am Substrat haftende Attribut beim Werden in sein Gegentheil umschlägt.

Aus diesem Zusammenhange hebt Bonitz a. a. O. S. 15 die Stelle 190, 6 heraus:[1]) τούτων δὲ τὸ μὲν οὐ μόνον λέγεται τόδε τι γίγνεσθαι, ἀλλὰ καὶ ἐκ τοῦδε, οἷον ἐκ μὴ μουσικοῦ μουσικός, τὸ δ᾽ οὐ λέγεται ἐπὶ πάντων, — und behauptet, es müsse hier nach Cod. *E* das τι hinter τόδε gestrichen werden. Die Nothwendigkeit lässt sich indess bezweifeln.

Aristoteles, das ist deutlich, will mit den angeführten Worten überleiten zur Betrachtung des sachlichen Unterschieds in den Dingen, von denen wir sagen, sie werden. In den drei von uns unter I a u. b angedeuteten Fällen, will er sagen, liegen begriffliche Differenzen; das deutet schon (II) die verschiedene Verwendung der Redensarten: τόδε — τόδε und ἐκ τοῦδε — τόδε an. In diesem Sinne heisst es nun: τούτων τὸ μὲν οὐ μόνον λέγεται τόδε τι γίγνεσθαι ἀλλὰ καὶ ἐκ τοῦδε, τὸ δὲ οὐ λέγεται ἐπὶ πάντων.

Die Vulgata τόδε — τι soll nun nach Bonitz falsch sein, weil diese Verbindung nach gewöhnlichem Aristotelischen Sprachgebrauch das concrete Einzelwesen bezeichnet; und darum handele es sich hier doch nicht. — Gewiss nicht, aber auch 190, 31 nicht und doch heisst's da: πολλαχῶς δὲ λεγομένου τοῦ γίγνεσθαι καὶ τῶν μὲν οὐ γίγνεσθαι ἀλλὰ τόδε τι γίγνεσθαι· ἁπλῶς δὲ γίγνεσθαι τῶν οὐσιῶν μόνον, κατὰ μὲν τἆλλα φανερὸν ὅτι ὑποκεῖσθαί τι τὸ γιγνόμενον. Der Gegensatz, auf den es in diesen Worten ankommt, ist offenbar, dass nicht überhaupt etwas (τι) wird, sondern dass τόδε — τι wird, d. h., wie ja gleich noch besonders betont wird, dass Etwas vorausgesetzt wird als Substrat, das zu Etwas wird; τόδε ist also Subject, τι Praedicat und nicht mit Prantl an die terminologische Bedeutung des τόδε τι zu denken.

Ebenso erklärt Bonitz selbst 190, 21 die Worte: τὸ δ᾽ ἐκ τινος γίγνεσθαί τι καὶ μὴ τόδε γίγνεσθαί τι μᾶλλον μὲν λέγεται κ. τ. λ. Er sagt: „Hier gehört nicht τι zu τόδε, sondern τόδε ist Subject, τι Praedicat." Sollte nicht in demselben Capitel dasselbe zum dritten Mal möglich sein?

Betrachten wir jedoch zunächst Bonitz's weitere Argumente! Er will die Athetese des τι auch aus den griechischen Erklärern erweisen. Them. 20ᵇ: ἀλλ᾽ ἐπὶ μὲν τῶν πλείστων τὸ τόδε μόνον· φαμὲν γὰρ τὸν ἄνθρωπον γίγνεσθαι μουσικόν, οὐκ ἐξ ἀνθρώπου γίγνεσθαι μουσικόν — ἐπ᾽ ὀλίγων δὲ τὸ ἐκ τοῦδε δεῖξειν ἂν εὐλογώτερον λέγεσθαι ἢ τὸ τόδε. Ich besorge, diese Worte wollen nicht unsere Stelle, sondern die mehr unten, 190, 21 ff. behandelte weitere Detaillirung der Verwendung von τόδε — τόδε und ἐκ τοῦδε — τόδε umschreiben. Dort, nicht hier ist davon die Rede, welche Redensart und wo mehr gebraucht wird: und das deutet doch das „ἐπὶ πλείστων" und „ἐπ᾽ ὀλίγων" in der Paraphrase des Them. an. Das ἐκ τινός τι wird mehr gebraucht, als das τόδε τι, heisst's da, ἐπὶ τῶν μὴ ὑπομενόντων, ἐπὶ τῶν ὑπομενόντων aber nur ἐνίοτε; — also beweist Themistius für unsere Stelle Nichts.

Wenn es in den an zweiter Stelle von Bonitz angezogenen Worten des Simplicius (48ᵃ) heisst: — τὸ μὲν ἐφ᾽ οὗ τὸ τόδε καὶ τὸ ἐκ τοῦδε λέγομεν τῇ στερήσει προσαρμόττων — und aus der Auslassung des τι hinter ἐφ᾽ οὗ τὸ τόδε auf die Auslassung desselben im Texte geschlossen werden soll, so muss erstens bemerkt werden, dass die Paraphrase auch wenn τι dastand, sich sehr wohl, ohne den Vorwurf der Ungenauigkeit auf sich zu ziehen, erlauben durfte, nur die Bezeichnungen des γιγνόμενον gegenüberzustellen — denn darin wird allein variirt — und die des γεγονός zu übergehen; zweitens aber, dass gleich darauf bei Simplicius wirklich jenem τόδε τι im Text entsprechend: τόδε — τόδε gesagt wird: τὸ μέντοι τόδε γίγνεσθαι τόδε, τῷ ὑπομένοντι μᾶλλον ἁρμόττει; welche Worte zugleich den Verdacht erwecken, dass auch hier 190, 21 vorausgesetzt wird. Und Philoponus d. 13, den Bonitz zuletzt citirt, ist sicher

---

¹) Es ist, was wir unter I zusammengestellt haben, vorangegangen.

auf die spätere Stelle zu beziehen. Das beweist namentlich die Bemerkung: ἐπὶ δὲ τῆς ὕλης ἀνὰ μέρος ἢ τὸ τόδε ἢ τὸ ἐκ τοῦδε, welche nur in den Texteswerten 190, 24 sq. einen Anhalt hat. Da heisst's: — καὶ ἐπὶ τῶν ὑπομενόντων ἐνίοτε λέγεται ὡσαύτως (ἐκ τοῦδε — τόδε) — meist in diesem Falle τόδε — τόδε. So sagt man zwar: Aus Eisen wird die Bildsäule; aber nicht: Aus einem Menschen wird ein Gebildeter; also findet nur theilweise Verwendung der Redensarten auf diesen Fall statt. — So ergibt sich aus allen drei Exegeten kein zwingender Schluss τὶ zu streichen. Und kann es denn wirklich nicht stehen?

Man vergleiche zunächst folgende zwei Stellen, um die wahrscheinlichste Beziehung des τούτων und τὸ μέν und τὸ δέ, worauf es für die richtige Deutung hauptsächlich ankommt, zu gewinnen. 190, 26: τὸ μέντοι ἐκ τοῦ ἀντικειμένου (γίγνεσθαι) ἀμφοτέρως λέγεται καὶ ἐκ τοῦδε τόδε καὶ τόδε τόδε. Das scheint zu lehren, dass wir nach oben in τὸ μέν und τὸ δέ zwei Arten der Bezeichnungen des Werdens zu unterscheiden haben: — die eine ist, wenn Substrat ist Etwas, wie τὸ μὴ μουσικόν, die zweite, wenn Etwas, wie ὁ ἄνθρωπος, — d. h. wie nach jener Stelle entwickelt wird, das γίγνεσθαι wird zweifach gebraucht, jo nachdem man das ὑπομένον oder οὐχ ὑπομένον als γιγνόμενον ansieht. Auf dasselbe weisen folgende Worte hin 190, 31: πολλαχῶς λεγομένου τοῦ γίγνεσθαι καὶ τῶν μὲν οὐ γίγνεσθαι ἀλλὰ τόδε τι γίγνεσθαι, ἁπλῶς δὲ γίγνεσθαι τῶν οὐσιῶν μόνων κ.τ.λ.

Wir beziehen also τούτων auf die beiden Arten des Werdens, welche in den drei vorangegangenen Beispielen (1a. u. b.) angedeutet sind und nachher begrifflich geschieden werden. Von diesen verschiedenen Arten des Werdens τὸ μὲν οὐ μόνον λέγεται τόδε τι γίγνεσθαι. Ich denke, das kann mit demselben Recht gesagt werden, wie in der Construction des absoluten Genetiv: τῶν μὲν οὐ γίγνεσθαι (λεγομένων) ἀλλὰ τόδε τι γίγνεσθαι, was im verb. fin. lauten würde: τὰ μὲν οὐ γίγνεσθαι λέγεται ἀλλὰ τόδε γίγνεσθαί τι. Man kann also sagen: das γίγνεσθαι λέγεται 1) ἁπλῶς 2) τόδε τι oder τόδε τόδε γίγνεσθαι 3) ἐκ τοῦδε τόδε γίγνεσθαι.

Wollte also Bonitz, wie es seine Absicht ist, die Fälle unerwähnt lassen, wo die Ueberlieferung von Cod. E weder aus dem Zusammenhang, noch aus dem aristotelischen Sprachgebrauch, noch aus den griechischen Commentatoren ihren Vorzug erweist: so musste auch diese Variante unerwähnt bleiben. Ihr Werth ruht allein auf der Vortrefflichkeit des Cod. E überhaupt: ob man dieselbe aber für das so zu sagen staubartige Wort, das an vielen Stellen überflüssig steht oder fehlt, in Anspruch nehmen darf, bleibt dahingestellt.

Noch eine Bemerkung zu ἐπὶ πάντων! Man beachte, dass πάντα blos in Beziehung auf die beiden Wendungen τόδε - τόδε und ἐκ τοῦδε - τόδε gebraucht ist. Es könnte das später für die Erklärung eines Derivatum von Nutzen sein.

Nach den oben mitgetheilten drei Sätzen περὶ πάσης γενέσεως heisst's von 190, 21 an so weiter:

1) τὸ δ' ἐκ τινος γίγνεσθαί τι καὶ μὴ τόδε γίγνεσθαί τι μᾶλλον μὲν λέγεται ἐπὶ τῶν μὴ ὑπομενόντων, ... (Beispiel)

2) οὐ μὴν ἀλλὰ καὶ ἐπὶ τῶν μὴ ὑπομενόντων ἐνίοτε λέγεται ὡσαύτως .... (Beispiel)

3) τὸ μέντοι ἐκ τοῦ ἀντικειμένου καὶ οὐχ ὑπομένοντος ἀμφοτέρως λέγεται, καὶ ἐκ τοῦδε τόδε καὶ τόδε τόδε .... (Beispiel)

4) διὸ καὶ ἐπὶ τοῦ σχηματίνου ὡσαύτως .... (Beispiel)

Offenbar wollen diese Worte zeigen, wie die Ausdrucksweisen, von denen unter II die Rede war, für die verschiedenen aus III sich gestaltenden Fälle von der Sprache verwandt werden.

Möglich sind nun, das lehrt eine einfache Betrachtung, im Ganzen drei Fälle. Nennen wir das, was wird: *a*, und das, woraus es wird: *b*, und von den beiden Unterschieden, die in III behandelt sind, das ὑπομένον x. das nicht bleibende ἀντικείμενον bei *a*: — β (στέρησις), bei *b*: + β, so lassen sich mit Berücksichtigung der Vorschrift, dass, wenn *a* ἁπλοῦν ist, es auch *b* sein muss (190, 1 sqq.), folgende drei Verhindungen denken, die ich durch Zeichen andeute:

	ἐγγινόμενον	γερνώς
1)	*a* (x + β)	*b* (x + β)
2)	x	+ β
3)	— β	+ β

Wie verhalten sich nun zu diesen drei Möglichkeiten die oben von uns unterschiedenen vier Sätze unserer Stelle? Von der ersten handelt No. 4, von der zweiten No. 2; von der dritten ist zweimal die Rede in No 1 und 3.

1. Die Redensart ἐκ τινός τι καὶ μὴ τόδε τι wird bei dem nicht Bleibenden (—β) mehr angewandt. Mehr als Was? als die Redensart τόδε τι?

Im Text steht folgendes Beispiel dabei: (λέγεται) ἐξ ἀμούσου μουσικόν γίνεσθαι, ἐξ ἀνθρώπου δὲ οὔ. Die Worte sprechen von einem Falle, wo man beim ὑπομένον die Redensart ἐκ τινός τι nicht anwendet. Es ist also wohl die Meinung des Satzes: mehr als bei den ὑπομένοντα, wo die Redensart nicht allgemein anwendbar ist. Darauf weist auch das ἐνίοτε in No. 2 hin: hier nur ἐνίοτε, mehr bei den μὴ ὑπομένοντα. Sollte noch ein Zweifel sein, oder nachher entstehen, wenn sich das, was jetzt vielleicht einleuchtet, hinterher als recht bedenklich erweist, so sei noch hingewiesen auf eine Stelle in Met Z, 7, wo auch vom γίγνεσθαι die Rede ist. Dort heisst's wie zur Erläuterung unseres Satzes 1033 *11: μᾶλλον μέντοι λέγεται γίγνεσθαι ἐκ τῆς στερήσεως, οἷον ἐκ κάμνοντος ὑγιής, ἢ ἐξ ἀνθρώπου. Die στέρησις ist das ἀντικείμενον, μὴ ὑπομένον. Was wir also eben erst aus dem Beispiel schlossen, steht hier deutlich da: Man spricht mit ἐκ mehr bei der στέρησις, als bei dem ὑπομένον — denn dafür ist ἄνθρωπος hier, wie oben, das Beispiel. Bei dem ὑπομένον wird nur bisweilen so geredet. Es heisst zwar 190, 25: ἐκ χαλκοῦ ἀνδριάς; (das gewöhnliche Beispiel für diesen Fall, wo Etwas wird „ὡς ἐξ ὕλης", vgl. Met Δ, 24, de Gen. An. A, 18) — aber man sagt nicht: ἐξ ἀνθρώπου μουσικός.

Der Sinn scheint untadelig, in sich klar und mit den sonstigen Lehren des Aristoteles durchaus übereinstimmend. Dass wir nur nichts erschlichen haben! — Wir liessen bei unseren bisherigen Erörterungen die Worte καὶ μὴ τόδε γίγνεσθαί τι ganz aus dem Spiel! Bleibt auch mit ihnen noch Alles in schönem Einklang?

Brandis versteht den Zusatz so, als könne bei der στέρησις die Redensart τόδε - τόδε überhaupt nicht angewandt werden. Jedoch heisst es 189* 35, man dürfe sagen: τὸ μὴ μουσικόν γίνεσθαι μουσικόν und Satz 3 unserer Stelle lehrt deutlichst, dass bei der στέρησις „ἀμφοτέρως" sowohl ἐκ τοῦδε als auch τόδε - τόδε gesprochen wird.[1] Ein solcher Widerspruch ist unmöglich.

Nun vergleiche man folgende Stelle aus Simplicius Erklärung (Scholl. coll. 340*28):

---

[1] Zu diesem offenbaren Widerspruch in seiner Fassung bemerkt Brandis nichts. Sondern es heisst ziemlich harmlos nebeneinander S. 607: Bei dem Nichtbleibenden sagen wir nicht, dass es dieses werde; S. 608: Auch sagen wir von dem Gegensätzlichen, Nichtbleibenden, auf beiderlei Weise, dass es Etwas werde und dass aus ihm etwas werde.

τὸ μὲν ἐκ τοῦδε γίνεσθαι μᾶλλον τῷ μὴ ὑπομένοντι, τουτέστι τῇ στερήσει, προσήκει (δύναται γὰρ καὶ τὸ μετὰ τόδε δηλῶσαι), τὸ μέντοι τόδε γίνεσθαι τόδε τῷ ὑπομένοντι μᾶλλον ἁρμόττει. Die knappe und durchsichtige Fassung des Gedankens scheint auch hier nur ermöglicht durch Weglassung der lästigen Worte καὶ μὴ τόδε γίγνεσθαί τι, die Alles verwirren. Sollen wir's nachmachen? Oder lehrt die Paraphrase noch etwas Anderes?

Auffällig sind bei Simplicius die Worte: δύναται γὰρ καὶ τὸ μετὰ τόδε δηλῶσαι? Wozu diese Bemerkung, da ja ohne sie völlige Klarheit in der Erklärung herrscht? Oder glaubte der gewissenhafte Erklärer irgend Etwas, was dem entsprechend im Texte stand, in seiner Interpretation noch ausdrücken zu müssen? Die nächste Vermuthung wäre, für unser heutiges μὴ habe zu Simplicius Zeit im Text gestanden: μετά. Dass Etwas aus Etwas wird und nach diesem Etwas wird, sagt man mehr bei dem, was nicht bleibt, bei der στέρησις. Diese Aenderung beseitigt die Widersprüche vortrefflich.

Dass ἐκ τοῦδε häufig dasselbe bedeutet, wie μετὰ τόδε, lehrt Aristoteles an mehr als einer Stelle. De Gen. An. A. 18; 724ᵃ 20: πολλαχῶς γίγνεται ἄλλο ἐξ ἄλλου: 1) ὡς ἐξ ἡμέρας φαμὲν νὺξ γίγνεται καὶ ἐκ παιδὸς ἀνήρ, ὅτι τόδε μετὰ τόδε. Met. Δ24 nach anderen Bedeutungen (1023ᵃ 5): ἕνα δὲ (τρόπον λέγεται τὸ ἐκ τινος) μεθ' ὃ τῷ χρόνῳ, x. B. ἐξ ἡμέρας νὺξ — ὅτι τοῦτο μετὰ τοῦτο. Und frägt man: Wozu dieser Zusatz, der nichts Neues bringt? so wäre auch darauf die Antwort nicht schwer. Weil eben das ἐκ unter anderen auch diese Bedeutung haben kann, wird es bei dem, was nicht bleibt, eher angewandt. Denn nach dem, was beim Werden bleibt, kann doch das Gewordene nicht sein. Bei dem ὑποκείμενον kann man ἐκ vielmehr nur anwenden ὡς ἐξ ὕλης (724ᵃ 24; 1023ᵃ 27). Man begreift aus diesen Erörterungen auch sehr wohl, wie Simplicius in seiner Paraphrase diesen Zusatz durch einen Satz mit γάρ widergeben konnte; in dieser Bedeutung liegt der Grund für den häufigeren Gebrauch bei der στέρησις.

Jedoch an der sich so empfehlenden Conjectur wird man wieder irre, wenn man sich an eine naheliegende Stelle in Met. z2. erinnert. Nicht als ob sich daraus erweisen liesse, dass μετά falsch wäre, aber vielleicht, dass auch μὴ richtig ist[1]. Die Stelle (994ᵃ 22) heisst nach der Lesart Alexanders: διχῶς γίγνεται τόδε ἐκ τοῦδε, μὴ ὡς[2] τόδε λέγεται μετὰ τόδε, οἷον ἐξ Ἰσθμίων Ὀλύμπια, ἢ ὡς ἐκ παιδὸς ἀνὴρ μεταβάλλοντος ἢ ἐξ ὕδατος ἀήρ.

---

[1] Man wird, denke ich, gegen die folgenden Reflexionen daraus keinen Einwand machen, dass das Buch a ἔλαττον wahrscheinlich unaristotelisch ist. Mag es auch dem Pasicles, dem Bruder des bekannten Schülers des Aristoteles, Eudemus, zugehören; — was bekanntlich nicht so sicher ist, denn das Zeugniss Alexanders steht gegen diese Ueberlieferung — Inhalt und Form der Schrift sind so gut wie aristotelisch.

[2] Eine zahlreichst vertretene Variante ist ἢ ὡς. Jedoch für μὴ ὡς spricht die Autorität Alexanders und in hohem Grade die Zusammenhang. Alles was sich gegen diese Lesart und für ἢ vorbringen liesse, wäre dies: 1) dass das Beispiel ἐκ παιδὸς ἀνὴρ nicht gerade für den Fall ἢ — passen angeführt zu werden pflegt, sich also von dem Beispiel ἐξ Ἰσθμίων Ὀλύμπια nicht unterscheidet; 2) dass nachher, wo der Unterschied der Redeweisen wie ἐκ παιδὸς ἀνὴρ von dem Falle: ἐξ ὕδατος ἀήρ behandelt wird, und in dieser Beziehung angegeben wird, dass zwar das zweite sei auch die ἀνάμψις: ἐξ ἀέρος ὕδωρ (vergl. de coel. Γ, 5, de gen. et corr. B, 4) möglich, bei dem ersten aber nicht: der Grund daher genommen wird, dass im ersten Fall ἐκ = μετά ist: οὕτω γὰρ καὶ ἐκεῖνα ἐκ τοῦ πρωί, ὅτι μετὰ τοῦτο· διὸ οὐδὲ τὸ ἀρωὶ ἐξ ἡμέρας. Ist man, wie daraus zu folgern scheint, das Beispiel, ἐξ Ἰσθμίων Ὀλύμπια vollkommen dem ἐκ παιδὸς ἀνὴρ gleich, so muss es natürlich ἢ heissen. Jedoch, betrachtet man die Sache näher, so haben die andern mit ἐκ παιδὸς ἀνὴρ gleichstehenden Beispielen alle noch die besondere Eigenthümlichkeit, dass sie innerhalb ein und desselben Werdeprozesses, innerhalb des Wachsens einer Sache das Unvollendete mit dem Vollendeten in Vergleich stellen: Aus dem γιγνόμενον wird das γιγνώς, aus dem ἐπιτελούμενον das τετελεσμένον, aus dem μανθάνων der ἐπιστήμων; d. h. es handelt sich nicht bloss um zeitliche Aufeinanderfolge, wie wenn gesagt wird: ἐξ Ἰσθμίων Ὀλύμπια, sondern um Erreichung eines Ziels, nachdem die γένεσις hinstrebt.

Die Stelle will offenbar die Bedeutung des ἐκ τοῦδε, wo es blos zeitliche Succession ausdrückt, ausschliessen — vermuthlich weil von diesem Begriff nicht die Rede sein kann, wo es sich, wie an dieser Stelle, um die Principien des Werdens handelt.

Auch Phys. A, 7. befinden wir uns, wie erinnerlich ist, mitten in Reflexionen, welche die Bestimmung des Wesens von ὕλη und στέρησις — also auch von Principien des Werdens — vorbereiten sollen. Auch hier wäre es daher gewiss passend, die blos zeitliche Bedeutung des ἐκ entweder stillschweigend zu übergehen oder direkt bei Seite zu schieben. Soll in diesem Sinne conjicirt werden, dürfte sich ganz im Anschluss an Met. α 2. nach μή: ὡς μετά empfehlen. Aus solchen oder ähnlichen Worten konnte auch recht wohl die oben mitgetheilte Bemerkung in der Paraphrase des Simplicius entstehen. Er sagt: δύναται γὰρ κ.τ.λ.: es kann das ἐκ zwar auch μετά bedeuten — hier ist aber diese Bedeutung ausgeschlossen. So hiesse also der Text: τὸ δ' ἐκ τινος γίγνεσθαί τι καὶ μὴ ὡς μετά τόδε γίγνεσθαί τι μᾶλλον μὲν λέγεται ἐπὶ τῶν μὴ ὑπομενόντων:

Obwohl ich die Sache nicht für ausgemacht halte, gestehe ich doch, dass ich, so oft ich die Stelle wieder betrachtete und erwog, ich mich immer mehr der zuerst vorgeschlagenen Aenderung wieder zuwandte. Sie ist einfacher und erklärt, wie wir sahen, vollständig die Bemerkung bei Simplicius. Und zur Abwehr der Bedeutung ἐκ == μετά ist wenigstens keine zwingende Nöthigung. Die Stelle der Metaphysik aber ist selbst nicht über allen Zweifel erhaben, und nicht so sehr wie eine aristotelische zu nehmen, dass man daraus sichere Folgerungen für die Constituirung unsicherer aristotelischer Stellen ableiten dürfte.

Mag man aber auch eine Aenderung im letzteren Sinne vorziehen — denn zu den jetzt vorliegenden Worten dürfte man nicht zurückkönnen — das μετά, wird man zugeben, verdanken wir dem Simplicius. Ohne ihn wäre man schwerlich auf diese Heilung so schnell gekommen.

Wir fahren fort, den Gedankengang des Capitals zu verfolgen: zunächst 190ᵃ31—ᵇ10: Von einem Werden ἁπλῶς, an sich, kann nur gesprochen werden bei der οὐσία, weil das Werden jeder andern Kategorie des Seins die οὐσία als Träger voraussetzt, die οὐσία aber von keinem ὑποκείμενον angesagt wird, sondern selbst von ὑποκείμενον ist. Soll also die Frage nach der Möglichkeit eines absoluten Werdens, welche die früheren Philosophen auf so schlimme Irrwege trieb, beantwortet werden, so ist nur zu prüfen, ob etwa auch die οὐσία ἐξ ὑποκειμένου τινος γίγνεται. Ἁπλῶς, d. h. nach de Gen. et Corr. A, 3, wie auch Simplicius richtig erklärt, eben κατὰ τὴν οὐσίαν, entsteht Etwas μετασχηματίσει — πρόσθεσι, ἀφαιρέσει, συνθέσει, ἀλλοιώσει — jedoch immer ἐξ ὑποκειμένου.

In diesem Abschnitt ist in Beziehung auf die γραφή zu erinnern, dass an der Stelle, wo für μετασχηματίσεος das an sich, wie wir oben sahen, sehr gewöhnliche Beispiel: οἷον ἀνδριὰς ἐκ χαλκοῦ (190ᵇ6) im Text steht, Simplicius so paraphrasirt: ὅταν ἐκ σφαίρας ἀνδριὰς γίνηται, was eine Lesart wie οἷον ἐκ σφαίρας ἀνδριὰς voraussetzen würde. Bedenklich wird der recipirte Text auch durch den Umstand, dass zwei Codd. bei Bekker, und darunter E, die Worte ἐκ χαλκοῦ nicht haben, — also das Beispiel ebenfalls mit dem Worte ἀνδριὰς schliessen. Ferner spricht auch die Bedeutung von μετασχημάτισις gegen das jetzige Beispiel; das γιγνόμενον muss dabei doch auch schon ein σχῆμα haben. Oder kann μετασχημάτισις ein Process genannt werden, wo das γεγονός die ὕλη zum erstenmal „schematisirt" darstellt, denn der χαλκός ist doch relativ ohne σχῆμα. Ferner, ἡ χαλκός, bleibt er im Werden. Die Umgestaltung ist also nicht einmal οὐσιώδης. Sehr häufig wird bei der Formgebung der Materie das Wort σχηματίζω gebraucht; aber μετασχηματίζω wäre unpassend. De coelo Γ, 7, wo von dem

Werden der στιγμα ἐξ ἀλλήλων die Rede ist, kann dieselbe nach der Ansicht derjenigen, ὅσοι σχῆμα ποιοῦσιν ἐλάττου τῶν στιγείων καὶ τούτῳ διορίζουσι τὰς οὐσίας αὐτῶν, allerdings μετασχηματίσις genannt werden (305ᵇ 29). Das eine σχῆμα, in welchem hier zugleich die οὐσία des Dinges liegt, macht dem Andern Platz: es ist derselbe Process καθάπερ ἐκ τοῦ αὐτοῦ κηροῦ γίγνεται ἂν σφαῖρα ἢ κύβος.

Auch hier brauchen wir ein Beispiel, was nicht die Gestaltung der Materie überhaupt, sondern den Wechsel des σχῆμα in derselben ausdrückt; es muss also mit Cod. E das ἐκ χαλκοῦ weg, und wahrscheinlich mit Simplicius dafür gesetzt werden ἐκ σφαίρας, — was, wie die Stelle de coelo lehrt, ein dem Aristoteles ebenso sehr geläufiges Beispiel für μετασχηματίσις ist, wie ἀνδριὰς ἐκ χαλκοῦ für die γένεσις ὡς ἐξ ὕλης. Vielleicht ist die falsche Lesart ohne Weiteres entstanden, weil dem Abschreiber das letztere Beispiel schon zu bekannt war, um nicht auch einmal an unpassender Stelle in die Feder zu fliessen; oder noch besser: es fiel zunächst ἐκ σφαίρας aus — diesen Zustand des Textes repraesentiren E und F — und dann setzte ein Späterer zur Vervollständigung aus dem allbekannten Beispiel ἐκ χαλκοῦ ein. Ich denke die Aenderung ist nothwendig und sicher.

Nachdem darauf aus dem Vorgehenden der Schluss gezogen ist, dass Werdendes und Gewordenes immer aus ὑποκείμενον und ἀντικείμενον zusammengesetzt sind, heisst es 190ᵃ 7 sqq.: φανερὸν οὖν ὡς, εἴπερ εἰσὶν αἰτίαι καὶ ἀρχαὶ τῶν φύσει ὄντων, ἐξ ὧν πρώτων εἰσί, καὶ γεγόνασι μὴ κατὰ συμβεβηκός ἀλλ' ἕκαστον ὃ λέγεται κατὰ οὐσίαν, ὅτι γίγνεται πᾶν ἐκ τε τοῦ ὑποκειμένου καὶ τῆς μορφῆς. Es ist mit den alten Erklärern εἰσὶ καὶ γεγόνασι zu verbinden, so dass μὴ κατὰ συμβεβηκός ἀλλ' ἕκαστον ὃ λέγεται κατὰ τὴν οὐσίαν zu beiden Verben gehört. Auf eine Scheidung von εἶναι und γεγονέναι kam's hier nicht an[1]. Ich sehe, dass auch Bonitz pag. 58 Anm. dieser Interpunktion zustimmt. So, fährt Aristoteles fort, ist ὁ μουσικὸς ἄνθρωπος gewissermassen aus den beiden Begriffen μουσικός und ἄνθρωπος zusammengesetzt: διαλύσεις γὰρ τοὺς λόγους εἰς τοὺς λόγους τοὺς ἐκείνων. Hier setzt die Erklärung des Phil. διαλύσεις γὰρ τὸν λόγον voraus, was im Text zu wählen ist; ob für das zweite λόγους die Lesart ὅρους, welche auch Cod. E hat und Phil. neben der Vulgata anführt, vorzuziehen ist, kann nicht entschieden werden.

Der Schluss des Capitels zeigt, in wiefern man also nach diesen Erörterungen von zwei oder drei Principien sprechen kann: bei zweien sollte man nur Materie und Form im Auge haben — und nicht, wie früher öfter geschehen sei, die beiden ἐναντία, ἀντικείμενα — bei dreien unterscheidet man, wie oben gelehrt ist, in der Materie noch das ἀντικείμενον und die ὕλη. Ueber Einzelnes aus diesem Abschnitt handelt Bonitz S. 59, S. 6 flg., S. 9 flg.

Cap. 8.

Die Schwierigkeiten, welche die Früheren in dem Werden fanden, und welche sie am Ende zur Aufhebung (ἀναιρεῖν) alles Werdens führten, liegen in der Voraussetzung, dass das Werdende nur aus einem Seienden oder Nicht-Seienden entstehen könne: was doch Beides unmöglich sei. — Jedoch so gut der Arzt zwar κυρίως Etwas thut, leidet oder wird, nur insoweit er als Arzt fungirt, daneben aber auch noch manches Andere κατὰ συμβεβηκός, so kann auch das ὄν und μὴ ὄν in zweifacher Bedeutung: κυρίως und κατὰ συμβεβηκός verstanden werden. Das übersahen jene und deshalb verirrten sie sich so.

Was sie mit Recht behaupteten, will auch Aristoteles nicht in Schutz nehmen: nämlich die Unbegreiflichkeit eines Werdens aus Nicht-Seiendem. Es lässt sich nicht begreifen,

---

[1] Vergl. S. 21.

concedirt er, sobald man das Nicht-Sein absolut fasst; aber, wendet er ein, auch das Nicht-seiende, aus dem beim Werden Etwas wird, haftet an einem positiven Substrat, der ὕλη, die wenigstens dem Sinn „verwandt" ist.

Die letzten beiden Sätze enthalten den Gedanken, der, wie ich glaube, nothwendig in den folgenden Worten des Textes stecken muss: (191ᵇ 13 sqq.) ἡμεῖς δὲ καὶ αὐτοί φαμεν γί-γνεσθαι μὲν μηδὲν¹) ἀπλῶς ἐκ μὴ ὄντος, ὅμως μέντοι γίγνεσθαι ἐκ μὴ ὄντος, οἷον κατὰ συμβεβηκός.
ἐκ γὰρ τῆς στερήσεως, ὅ ἐστι καθ' αὑτὸ μὴ ὄν, οὐκ ἐνυπάρχοντος γίγνεταί τι. Was heissen aber und wie stimmen mit dem angegebenen Grundgedanken die letzten, ein-geklammerten Worte?

Brandis²): — aus der Beraubung, als dem nicht im Sein Gegenwärtigen . . . . . findet das Werden statt. Prantl: Aus dem Entblösstsein wird jenes, was an und für sich ein Nichtseiendes ist, ein Etwas, ohne dass es zuerst in ihm enthalten war!! Trendelenburg³): die στέρησις, die Unform, aus welcher heraus das Werden geschieht, ist an und für sich ein Nichtseiendes. — aber sie bleibt nicht in dem Werdenden, wie die Materie.

Um von dem Schlimmsten zunächst zu sprechen, so beruht Prantl's wunderliche Ueber-setzung auf der Unkenntniss der Aristotelischen Freiheit im Gebrauch des Neutrum. Auch Trendelenburg nimmt Anstand an dem „umspringenden Genus." „Es erklärt sich vielleicht," sagt er S. 110 A. 3., „aus dem μὴ ὄντος, was bei στέρησις vorschwebt." Jedoch es findet sich ein solches „Umspringen" nicht selten. Zunächst bei Pronomina: Met. Z, 4; 1029 ᵇ19: οὗ τὸ ἐξ ἀμφοῖν τὸ ἐπιφανείᾳ λευκῇ εἶναι διὰ τί; ὅτι πρόσεστιν αὐτό. Z, 10; 1035 ᵃ15: — ἡ τῶν ζῴων ψυχή (τοῦτο γὰρ οὐσία τοῦ ἐμψύχου) ἡ κατὰ τὸν λόγον οὐσία τῷ τοιῷδε σώματι; aber auch in Fällen seltsamerer Art: Phys. A, 2; 185, 32: οὐδὲν τῶν ἄλλων χωριστόν ἐστι παρὰ τὴν οὐσίαν· πάντα γὰρ καθ' ὑποκειμένου οὐσίας λέγεται. Met Δ, 22, 1022 ᵇ34: ἄνισον τῷ μὴ ἔχειν ἰσότητα πεφυκός λέγεται. Pol. II, 6; 1327ᵃ23: — λιμένας εὐφυῶς κείμενα —. Kat. 4, 17 ἡ οὐσία ἐν καὶ ταὐτὸν ἀριθμῷ ὄν δεκτικὸν τῶν ἐναντίων ἐστίν (vergl. l. 10 mit b. 2). Mehr siehe bei Waitz Org. I, 291. Die Construction ist also sicher: γίγνεταί τι ἐκ τῆς στερήσεως, ὅ ἐστι καθ' αὑτὸ μὴ ὄν, οὐκ ἐνυπάρχοντος: Aus der Beraubung, welche an sich ein Nichtseiendes ist, ohne enthalten zu sein, wird Etwas.

Man erinnert sich, dass in dem Satze ein Beleg dafür gegeben werden soll, dass in Wirklichkeit nicht Etwas wird ἀπλῶς ἐκ μὴ ὄντος, sondern nur ἐκ μὴ ὄντος οἷον κατὰ συμ-βεβηκός. Wird nun, wie da steht, etwas aus der στέρησις, und ist diese an sich ein Nicht-seiendes — so erwartet man die Erklärung über den Punkt, inwiefern trotzdem Etwas nur gleichsam κατὰ συμβηβηκός aus Nichtseiendem wird, vergeblich: gerade das Gegentheil wird scharf betont. Inzwischen lässt sich an der Richtigkeit der Bezeichnung der στέρησις als des schlechthin Nichtseienden nicht zweifeln. So heisst es gleich im folgenden Capitel, 192ᵃ3 sqq.: ἡμεῖς — φαμεν — τὸ μὲν οὐκ ὄν εἶναι κατὰ συμβεβηκός, τὴν ὕλην, τὴν δὲ στέρησιν καθ' αὑτήν, καὶ τὴν μὲν ἐγγύς καὶ οὐσίαν πως, τὴν ὕλην, τὴν δὲ στέρησιν οὐδαμῶς Gleich-wohl wäre es nicht unaristotelisch, wenn dergleichen, als wir erwarten, hier trotzdem von dem Werden aus der στέρησις ausgesagt würde. Nur das Werden aus der ὕλη, so wird mehr-fach erörtert, geschieht οὐ κατὰ συμβεβηκός; das Werden aus der στέρησις aber κατὰ συμ-βεβηκός. So heisst es, um nur das zunächst Liegende zu erwähnen, A, 7; 190ᵃ 25: ἡ ὕλη τόδε τι μᾶλλον (τῆς στερήσεως) καὶ οὐ κατὰ συμβεβηκός ἐξ αὐτοῦ γίγνεται τὸ γιγνόμενον· ἡ δὲ στέρησις καὶ ἡ ἐναντίωσις συμβεβηκός: also ein Werden aus der στέρησις wäre κατὰ συμβεβηκός. Ferner A. 9; 192ᵃ 31: λέγω γὰρ ὕλην τὸ πρῶτον ὑποκείμενον ἑκάστῳ, ἐξ οὗ γίνεταί

1) So Simpl. (und vielleicht Alexander) und Cod. E für οὐδέν.   2) a. a. O. S. 700.
3) Geschichte der Kategorienlehre S. 110.

4

τι ἐνυπάρχοντος μὴ κατὰ συμβεβηκός. Dies ist, wie Simpl. (Scholl coll. 345ᵃ 3 sqq.)
hinzufügt, gerade πρὸς ἀντιδιαστολὴν τῆς στερήσεως gesagt; κἂν γὰρ λέγηται καὶ
ἐκ ταύτης γίνεσθαι τὸ γινόμενον (wie an unserer Stelle), ἀλλ' οὔτε ἐνυπαρχούσης οὔτε
καθ' ἑαυτὸ ἐκ ταύτης ἀλλὰ κατὰ συμβεβηκός. Man vergleiche schliesslich folgende
Stelle aus *Phys.* E, 1, wo von der γένεσις im Gegensatz zur κίνησις die Rede ist; 225 ᵇ25 sqq.:
ἀδύνατον τὸ μὴ ὂν κινεῖσθαι, εἰ δὲ τοῦτο, καὶ τὴν γένεσιν κίνησιν εἶναι· γίνεται (οὐ κινεῖται)
γὰρ τὸ μὴ ὄν. εἰ γὰρ καὶ ὅτι μάλιστα κατὰ συμβεβηκός γίνεται (τὸ μὴ ὄν), ἀλλ' ὅμως
ἀληθές· εἰπεῖν, ὅτι ὑπάρχει τὸ μὴ ὂν κατὰ τοῦ γιγνομένου ἁπλῶς. Der Satz mit εἰ enthält offenbar eine allgemeine, als unumstösslich zugestandene (ὅτι μάλιστα) Wahrheit; und diese ist:
τὸ μὴ ὂν κατὰ συμβεβηκὸς γίγνεται: — und dieses μὴ ὄν ist die στέρησις. Dasselbe erwarten wir nun an unserer Stelle ausgedrückt, statt dessen steht nur da: οὐκ ἐνυπάρχοντος.
Kann darin das Verlangte liegen?

Was heissen die Worte? Brandis übersetzt: „als dem nicht im Sein Gegenwärtigen."
Man fragt füglich: in welchem Sein? in dem aus dem Werden entstandenen? oder in dem
Sein an sich? Das Erste wäre der Erklärung Trendelenburg's, von der gleich die Rede sein
wird, entsprechend. Ist die zweite Auffassung beabsichtigt, so wäre dies gerade das Gegentheil von dem, was wir so sehnlich erwarten: eine neue Versicherung, dass der στέρησις das
Nicht-Sein zukommt. Trendelenburg S. 111: „aber sie bleibt nicht in dem Werdenden, wie
die Materie." Dazu S. 110: „Sie (die στέρησις) ist zwar ihrem Begriff nach ein Nichtseiendes;
wenn aber aus der στέρησις heraus das Werden geschieht, so geschieht es in einem Seienden
(ὑποκειμένῳ), und insofern wird das, was wird, doch nur beziehungsweise aus Nichtseiendem. — Ja, das ist die richtige und durchaus aristotelische Beantwortung der Frage, inwiefern Etwas nur beziehungsweise aus Nichtseiendem werden kann.

Jedoch wo steht das? man sollte dann für ἐκ στερήσεως mindestens zunächst ἐξ ὕλης —
γίγνεταί τι erwarten? Sobald das Werden aus der ὕλη abgeleitet wird, begreift jeder, dass
es nur beziehungsweise aus Nichtseiendem geschieht; nicht aber, wenn es aus der στέρησις
stammt, die, wie noch express hinzugefügt wird, καθ' ἑαυτὸ μὴ ὂν ist.

Auf die ὕλη scheint noch sonst Einiges zu führen. Man vergleiche z. B. folgende Worte
des Simplicius zu der oben angeführten Stelle aus *Phys.* E, 1: εἰπὼν ὅτι τὸ μὴ ὂν ἐξ οὗ ἡ
γένεσις . . . . ἐξηγεῖται, ὅτι οὐ τὸ καθ' αὑτὸ μὴ ὂν γίνεται ἀλλ' ᾧ συμβέβηκε τὸ μὴ ὄν,
ἡ γὰρ ὕλη καὶ ὅλως τὸ δυνάμει, ἐξ οὗ γίνεται τὸ γινόμενον, οὐ καθ' αὐτὸ μὴ ὄν ἐστιν,
ἀλλ' ὅτι συμβέβηκεν αὐτῇ τὸ μὴ ὄν, οἷον ἡ στέρησις, ἥτις οὖσα στέρησις ἐν τῇ γε-
νέσει. Das liesst sich wie eine Umschreibung dessen, was der Zusammenhang auch in
unserm Satz nothwendig erheischt: es wird eine Erklärung gegeben über das Entstehen aus
nur beziehungsweis Nichtseiendem, wie wir sie wünschen.

Ist so die Aporie hinlänglich drückend und wird die Nothwendigkeit unserer Forderun-
gen zugestanden, so vergleiche man jetzt folgende Paraphrase unserer Stelle, welche Simplicius als die Erklärung Alexanders[1] gibt: Die alten Philosophen kannten den Unterschied
zwischen dem καθ' αὑτὸ und κατὰ συμβεβηκός nicht und leugneten deshalb, da ihnen ein
Werden aus absolut Nichtseiendem mit Recht unbegreiflich schien, alles Werden: ἡμεῖς δὲ
τὸ μὲν ἁπλῶς, ἐκ μὴ ὄντος, τουτέστι καθὸ μὴ ὄν, μὴ γίνεσθαί τι ὁμολογοῦμεν, κατὰ συμβεβηκὸς
δὲ γίνεσθαι λέγομεν ἐκ μὴ ὄντος, ἐκ γὰρ τῆς ὕλης, καθόσον ἐνυπάρχει αὐτῇ στέρησις,
ἥτις ἐστὶ καθ' αὐτὸ μὴ ὄν, γίνεταί τι. (a. a. O. 342ᵇ sqq.)

Um die Bedeutung dieses Zeugnisses in ganzer Schwere zu erfassen, bedenke man, dass

---

[1] Scholl coll. 342ᵇ s. flg.

die Paraphrase bis zu unserm Satze sich auf's Genaueste an den Aristotelischen Gedanken, häufig sogar und noch dazu in Unwichtigerem auch an dessen Worte anschliesst.[1])

Sollen wir nun glauben, dass sich Alexander, der „γνησιώτατος τῶν Ἀριστοτέλους ἐξηγητῶν", plötzlich in unserm Satz eine Fälschung des Sinns erlaubt hat — und an einer Stelle, wo er den Sinn, den wir auch im Aristoteles erwarteten, correkt angibt: „denn aus der ὕλη, soweit ihr die στέρησις, die an sich ein Nichtseiendes ist, innewohnt, wird Etwas." Also ist das Werden nur κατὰ συμβεβηκός ἐκ μὴ ὄντος. — Wie musste er mit den Worten des Aristoteles umgegangen sein, wenn sie ihm so vorlagen, wie uns? Oder sollen wir glauben, es sei in unserer Stelle gar nicht von dem Werden aus der στέρησις die Rede gewesen? Das ἐνυπάρχον sei im Text nicht gebraucht gewesen von dem im Werden Bleibenden, sondern von der an der ὕλη haftenden στέρησις? und οὐκ habe gar nicht dagestanden?

Dass man überhaupt das Werden auch aus der στέρησις herleiten könne, wird nach den Auseinandersetzungen über das siebente Capitel keines Beweises bedürfen — wir erinnern uns ja: μᾶλλον λέγεται γίγνεσθαι ἐκ τῆς στερήσεως. Dass aber auch hier, auch zu Alexanders Zeit, das Werden nicht aus der ὕλη abgeleitet war, können wir aus demselben Alexander zu Met. Δ, 2, 1013 ᵃ24 sq. beweisen. Die Textesworte der Stelle heissen: Αἴτιον λέγεται ἕνα μὲν τρόπον ἐξ οὗ γίγνεταί τι ἐνυπάρχοντος. Dazu bemerkt Alexander: Er meint die ὕλη; das „ἐνυπάρχοντος" hat er hinzugesetzt zur Unterscheidung von στέρησις und ἐναντίον: καὶ γὰρ ἐκ τῆς στερήσεως τὸ γινόμενον γίγνεται, ὡς ἐδείξεν ἐν τῷ Α. τῆς Φυσικῆς Ἀκροάσεως, καὶ ἐκ τοῦ ἐναντίου, ἃ οὐκ ἐνυπάρχει τῷ γινομένῳ. Das spielt deutlich auf unsere Stelle an.

Und zeigt, dass alle drei oben aufgestellten Vermuthungen irrig sind, dass ἐκ στερήσεως so gut wie οὐκ ἐνυπάρχοντος im Text verbleiben müssen, dass durch das Werden aus der ὕλη das Beziehungsweise in der Stelle nicht ausgedrückt sein konnte. Wie aber sonst? — wenn wir es doch absolut nicht entbehren können?

Man vergegenwärtige sich noch einmal Folgendes:

Phys. A, 8; 191 ᵇ15: (ἡ στέρησις) ἔστι καθ' αὐτὸ μὴ ὄν.

Phys. E, 1; 225 ᵃ27: γίνεται τὸ μὴ ὄν.

[εἰ γὰρ καὶ ὅτι μάλιστα] κατὰ συμβεβηκός γίνεται, κ. τ. λ.[2])

Phys. I, 9; 192 ᵃ31: (ἐξ ὕλης) γίνεταί τι ἐνυπάρχοντος μὴ κατὰ συμβεβηκός.

Dazu Simpl.: Das ist so recht zum Unterschied von der στέρησις gesagt.

Also: Aus der ὕλη   Aus der στέρησις

γίγνεταί τι

	Aus der ὕλη	Aus der στέρησις
1)	ἐνυπαρχούσης	οὔτε ἐνυπαρχούσης
2)	μὴ κατὰ συμβεβηκός	οὔτε καθ' ἑαυτὸ ἀλλὰ κατὰ συμβεβηκός.

Der zweite Punkt ist an unserer Stelle der wichtigste — und fehlt.

Simpl. zu der obigen Stelle *Phys.* E, 1: οὐ τὸ καθ' αὐτὸ μὴ ὄν — also die στέρησις — γίνεται, ἀλλ' ᾧ συμβέβηκε τὸ μὴ ὄν. Wie also wenn man sagt: Aus dem Weissen wird Ver-

---

[1]) Vergleiche vorzüglich:

διαλέγεται Ar. 191 ᵇ10. Sch. coll. 342 ᵇ44
ἀπέστησαν ebenda *l.* 11.   ebenda *l.* 43.

Simplicius (Alexander)	Aristoteles
καὶ διὰ τὴν ἄγνοιαν τοῦ καθ' αὐτοῦ καὶ τοῦ κατὰ συμβεβηκός προσηγόρευσαν τὰ ἄλλα, ὥστε μηδὲν οἴεσθαι γίγνεσθαι, εἴπερ ἐκ μὴ ὄντος, ἢ καθ' ὃν μηδὲν γίνεται.	καὶ διὰ ταύτην τὴν ἄγνοιαν τοσοῦτον προσηγόρευσαν, ὥστε μηδὲν οἴεσθαι γίγνεσθαι μηδὲ εἶναι τῶν ἄλλων, ἀλλ' ἀνελεῖν πᾶσαν τὴν γένεσιν.

Dass folgen die oben schon citirten Worte.

[2]) Ampелius: κἂν ὅτι μάλιστα συγχωρήσωμεν τὸ μὴ ὃν κατὰ συμβεβηκός λέγεσθαι καὶ μὴ κυρίως.

ständiges, dies deshalb als ein Werden κατὰ συμβεβηκός gilt, weil dem Unverständigen zufällig die Eigenschaft des Weissen, oder dem Schwarzen die des Verständigen zukommt (συμβέβηκε), so ist das Werden aus dem μὴ ὄν, das der wirklich (κυρίως) werdenden ὕλη zukommt, nur ein Werden κατὰ συμβεβηκός.

Ich glaube nach all diesem, dass in Parallelität zu *Phys.* A, 9 gelesen werden muss Etwas wie: ἐκ γὰρ τῆς στερήσεως, ὅ ἐστι καθ' αὑτὸ μὴ ὄν, οὐκ ἐνυπάρχοντος κατὰ συμβεβηκός (oder: οὔτ' ἐνυπάρχοντος οὔτε κυρίως) γίγνεταί τι oder: οἷον κατὰ συμβεβηκός· οὕτω γὰρ ἐκ τῆς στερήσεως —. (So auch gleich nachher: Auch das Seiende wird nur κατὰ συμβεβηκός οὕτω δὲ καὶ τοῦτο γίγνεσθαι (δοκεῖ) κ. τ. λ. —) oder endlich mit Wiederholung des κατὰ συμβεβηκός am Anfang des Satzes: κατὰ συμβεβηκός γὰρ ἐκ κ. τ. λ. Man wird gestehen, dass dergleichen Worte zu der oben erwähnten Paraphrase des Alexander, welche nur eben das Negative positiv wendet, sehr wohl den Text bieten konnten. Das κατὰ συμβεβηκός oder οὐ κυρίως oder οὕτω wird dann zu γίγνεσθαι zu ziehen sein und nicht zu μὴ ὄν. Die Erklärung wird nicht durch das Werden aus der ὕλη, welche κατὰ συμβεβηκός nicht ist, gegeben, sondern durch das Werden aus der στέρησις, was nur ein beziehungsweises Werden ist. Alexander zog die Verbindung mit μὴ ὄν vor, wie man aus Simplicius sieht; dann musste er natürlich den Sinn so fassen, als sei hier vom Werden aus der ὕλη die Rede.

Auf diese Weise ist nun auch das Werden aus Seiendem zu erklären — εἰ ἐκ ζῴου ζῷον γίγνοιτο καὶ ἐκ τινὸς ζῴου τὶ ζῷον, οἷον εἰ κύων ἐξ ἵππου γίγνοιτο. Der Hund wird aus einem Thier überhaupt und aus einem bestimmten Thier; ἀλλ' οὐχ ᾗ ζῷον, ὑπάρχει γὰρ ἤδη τοῦτο, braucht also nicht erst zu werden; d. h. der Hund wird eben nur beziehungsweise aus diesem Seienden. Alles klar! Aber

οἷον εἰ κύων ἐξ ἵππου γίγνοιτο!

Wird dergleichen jemals? Oder glaubt Aristoteles dergleichen? Schwerlich aber wollte er ein ἄτοπον hier ausdrücken, sondern, wie der Zusammenhang deutlichst lehrt, eine ganz gewöhnliche Ausdrucksweise nach derselben Theorie, wie vorher das γίγνεσθαί τι ἐκ μὴ ὄντος, erklären.

Das Werden aber eines Hundes aus einem Pferde wäre ihm ein Ungedanke; denn jedes Thier, lehrt er tausendmal, γεννᾷ οἷον αὐτό, ἄνθρωπος ἄνθρωπον, also auch ἵππος ἵππον, κύων κύνα. Nur von den ἐκ γῆς σηπομένης καὶ περιττωμάτων durch *generatio aequivoca* hervorgebrachten Thieren erzählt er: ταῦτα μὲν γεννᾷ, ἕτερον δὲ γένος, nämlich ein Geschlecht ohne Geschlechtsunterschiede, damit die Zeugung die mechanisch begonnen war, nicht organisch sich fortsetzte. Wachsen nun Pferde auf dem Dünger? und sind Hunde geschlechtslos?

Es muss gelesen werden: οἷον εἰ κύων ἐκ κυνὸς ἢ ἵππος ἐξ ἵππου. Aehnliche Auslassungen bei Wiederholung derselben Wörter sind sehr begreiflich und finden sich in unsern Text nicht selten.[1]

Simplicius erwähnt eine Lesart: οἷον εἰ κύων ἐκ κυνὸς ἢ ἵππος — wo also das in unserm Text stehende ἐξ ἵππου fehlte; — seine Erklärung setzt aber die vollständigen Worte, wie wir sie vorschlugen, voraus. Er sagt: κἂν γὰρ ἐκ τινὸς ζῴου τὶ ζῷον, οἷον εἰ κύων ἐκ κυνός ἢ ἵππος ἐξ ἵππου, οὐχ ᾗ κύων οὐδὲ ᾗ ἵππος γίνεται, ἀλλ' ᾗ τὶς κύων ἢ τὶς ἵππος.

Durch die gegebenen Auseinandersetzungen sind die Annahmen über das Werden aus Sein und Nichtsein in das rechte Licht gesetzt. Vollständig freilich kann hier die Aporie nicht durchgesprochen werden; dazu gehörte die Einführung und tiefere Ergründung des Unterschieds zwischen δύναμις und ἐνέργεια, wozu hier nicht die Stelle ist. — Dies der Schluss des Capitels.

---

[1] vgl. Plat. Soph. 258 C, von Boeckh Min. 150 ergänzt.

B, 1.

Das zweite Buch beginnt mit dem Satze, dass einige der seienden Dinge φύσει sind, andere aus andern Ursachen; — nämlich durch Kunst oder ἀπὸ ταὐτομάτου, wie sonst hinzugefügt wird. Als Beispiel von φύσει ὄντα werden nun genannt die vier Elemente und die organischen Wesen mit ihren Theilen. Alles derartige hat das Prinzip der Ruhe und Bewegung in sich — diese Begriffe im weitesten Sinne gefasst — während die ποιούμενα sich nur κατὰ συμβεβηκός aus sich bewegen.

Darauf Folgendes 192 ᵇ32 sqq.: 1) φύσις μὲν οὖν ἐστὶ τὸ ῥηθέν (nämlich ἡ ἀρχὴ κινήσεως καὶ στάσεως). 2) φύσιν δὲ ἔχει, ὅσα τοιαύτην ἔχει ἀρχήν· καὶ ἔστι πάντα ταῦτα οὐσία· ὑποκείμενόν γάρ τι καὶ ἐν ὑποκειμένῳ ἐστὶν ἡ φύσις ἀεί. 3) κατὰ φύσιν δὲ ταῦτά τε καὶ ὅσα τούτοις ὑπάρχει καθ' αὑτά, οἷον τῷ πυρὶ φέρεσθαι ἄνω. τοῦτο γὰρ φύσις μὲν οὐκ ἔστιν, οὐδ' ἔχει φύσιν, φύσει δὲ καὶ κατὰ φύσιν ἐστίν.

Wir haben offenbar wieder eine von den Stellen vor uns, wo sich Aristoteles zu einer gründlichen sachlichen Untersuchung vorbereitet, indem er den Sprachgebrauch einiger einschlägigen Redensarten erklärt. Und zwar unterscheidet er hier: φύσις, φύσιν ἔχειν und φύσει oder κατὰ φύσιν. Der Zusatz zu 2, dass alle φύσιν ἔχοντα οὐσία sind, war nöthig, damit unter 3 im Unterschied davon von den Attributen der οὐσία gesagt werden konnte, sie seien nur φύσει oder κατὰ φύσιν, nicht φύσιν ἔχοντα, während von den Substanzen beide Ausdrucksweisen gelten.

Schwierigkeit hat nur der Satz, welcher die Begründung zu der Behauptung enthält, dass alle φύσιν ἔχοντα οὐσία sind: ὑποκείμενον γάρ τι καὶ ἐν ὑποκειμένῳ ἐστὶν ἡ φύσις ἀεί. — Der Text der ganzen Stelle ist alt; schon Alexander las so. — Denn wenn Simplicius den Satz vorher (Scholl. 346 ᵃ36) so wiedergiebt: τὸ φυσικὸν πᾶν οὐσία ἐστὶ σύνθετος, so darf das ebensowenig zu der Meinung verleiten, er habe οὐσία σύνθετος gelesen, wie aus den Worten die er daran knüpft, ἔχουσα (auf οὐσία zu beziehen) μὲν τι ὑποκείμενον, τὸ ἐν ᾧ ἐστιν ἡ φύσις, ἔχουσα δὲ καὶ ἐν ὑποκειμένῳ τὴν φύσιν αὐτήν, gefolgert werden darf, er habe in dem Satze etwa ein ἔχει gehabt. Denn überall, wo er in seiner ausführlichen Erklärung (Scholl. 346, 33—ᵇ41) sonst die Worte umschreibt, ist immer unser Text vorausgesetzt. So gleich l. 39—41: δεικτικὸν οὖν τοῦ τὰ ἔχοντα φύσιν οὐσίας εἶναι τὸ ὑποκείμενόν τι εἶναι καὶ ἐν ὑποκειμένῳ. Der Zusatz σύνθετος und das ἔχειν stammen daher nur aus seiner Voraussetzung, dass der Satz mit γάρ die Zusammensetzung der οὐσία aus dem ὑποκείμενον, dem materiellen Substrat, und der φύσις, der Form, ausspreche. Da diese Erklärungen wieder, wie so oft, nur aus Alexander extrahirt sind, wie Simpl. (346 ᵇ6) selbst andeutet, so ist also der recipirte Text bis auf ihn zurückzuführen.

Was heissen nun aber die oben ausgezogenen Worte? Alexander dreht sich hin und her, um etwas dem Wortlaut und dem Zusammenhang Entsprechendes zu Stande zu bringen. Einmal soll das Zusammengesetztsein der οὐσία darin liegen (s. o.) — gewiss sonderbar, wo erst erwiesen werden muss, dass die φυσικά überhaupt οὐσίαι sind, — dann soll es wirklich Begründung dieser Behauptung sein, und dieselbe darin liegen, dass beide Bestandtheile, sowohl das Substrat, wie die inhaerirende φύσις, οὐσίαι sind; — dann ist also grammatisch οὐσία gemeinschaftliches Praedicat. Man würde in diesem Falle aber offenbar τὸ ὑποκείμενον und ἐν τῷ ὑποκειμένῳ erwarten. Endlich soll schon das πάντα ταῦτα des vorhergehenden Satzes auf die beiden Bestandtheile im φύσιν ἔχον gehen. Simplicius verwirft die letzte Erklärung; wir können uns, glaube ich, mit keiner zufrieden erklären

Julius Pacius macht ἡ φύσις zum gemeinschaftlichen Subject (pag. 426): *Substantiam esse ostendit ex eo, quod semper natura est subjectum et in subjecto.* Das Eine soll von der Natur ausgesagt werden als Materie, *in subjecto* aber ist sie *tamquam forma: also perinde ac si dixisset, naturam esse materiam et formam.* Er fasst demnach die οὐσία als σύνθετος, wie Alex. (nach Stellen wie *Met.* 11, 2, 1043 ᵃ19; 3, *l.* 30; *de an.* B, 1. 2), und das ὑποκείμενον ὡς ὕλη (*Met.* 1043 ᵃ25), die φύσις einmal als ὕλη, das andere Mal als εἶδος. — Diese Erklärung hat den Uebelstand, dass sie die Doppelbedeutung von φύσις, wovon erst im Folgenden gehandelt wird, schon hier in den einleitenden Vorbemerkungen als bekannt voraussetzt. Es darf von φύσις bis jetzt nur so viel bekannt sein, als die gegebene Erklärung in sich schliesst; und darin liegt, wollen wir sie mit jenen beiden Begriffen vergleichen, doch nur eine Aehnlichkeit mit der F o r m, so dass nach dem Bisherigen ein Satz ἡ φύσις ὑποκείμενόν τι, wenn Letzteres als Materie gefasst wird, unverständlich wäre. Und wollte Aristoteles das Praedikat οὐσία begründen mit der Lehre von der Zusammensetzung des φύσιν ἔχον aus einem materiellen Substrat und der formgebenden φύσις, also οὐσία als τόδε τι nehmen und erklären, so hatte er dafür deutlichere Wendungen.

Οὐσία heisst hier offenbar nur Substanz im Gegensatz zu den übrigen Kategorien, welche αὐτῇ ὑπάρχουσιν, das beweist der dritte der oben ausgezogenen Sätze auf's Klarste; οὐσία ist danach, wie *Met.* Δ, 8 (1017 ᵃ23 sq.) es ausgedrückt ist, τὸ ὑποκείμενον ἔσχατον, ὃ μηκέτι καθ' ἄλλου λέγεται, sondern, wie 1017 ᵇ14 hinzufügt: κατὰ τούτων τὰ ἄλλα. Die Beispiele, welche dieser Erklärung der Metaphysik beigegeben werden, lehren, dass hier an keine andere Bedeutung gedacht werden darf. 1017 ᵇ10: οὐσία λέγεται τά τε ἁπλᾶ σώματα (die Elemente, sahen wir, wurden auch am Anfang des Capitels der Physik zu den φύσιν ἔχοντα gerechnet) καὶ τὰ ἐκ τούτων συνεστῶτα ζῷα καὶ τὰ μόρια αὐτῶν (ganz wie *Phys.* 192 ᵇ9).

Ist nun die Substanz die letzte Grundlage, von der alles Andere als Attribut ausgesagt wird, wie die Stelle der Metaphysik lehrt, so hatte also der, welcher behauptet, dass Etwas in diesem Sinne οὐσία ist, zu zeigen, dass es ein ὑποκείμενον ist.

Daraus folgt, dass wenn dieser Anforderung entsprechend in unserer Stelle der Behauptung πάντα ταῦτα (τὰ φύσιν ἔχοντα) οὐσία die Begründung hinzugefügt wird: ὑποκείμενον γάρ τι — zu diesen Worten als Subject gehört: πάντα ταῦτα. Der folgende Satz m i t d e m n e u e n S u b j e c t müsste dann der Deutlichkeit wegen von dem vorhergehenden durch ein *punctum simus* getrennt werden: ὑποκείμενον γάρ τι – καὶ ἐν ὑποκειμένῳ ἐστὶν ἡ φύσις ἀεί: „Denn die φυσικὰ sind immer ὑποκείμενα; und in einem ὑποκειμένῳ ist immer die φύσις;" — natürlich; denn sie ist im φύσιν ἔχον — und dies ein ὑποκείμενον. Schon 192 ᵃ21 war es angedeutet, dass die φύσις in einem τι, einem ὑποκείμενον, ὑπάρχει, dessen Bewegungsprincip sie ist.[1] Das φύσιν ἔχον ist also dies ὑποκείμενον, also eine οὐσία.

Das Folgende ist einfach: Man kann die φύσιν ἔχοντα auch φύσει oder κατὰ φύσιν ὄντα nennen, wie es zu Anfang des Buchs z. B. geschehen war (vergl. auch 193, 10); die beiden letzten Ausdrücke allein indessen kommen den Praedikaten jener Substanzen zu; z. B. τὸ πῦρ als ἁπλοῦν σῶμα ist οὐσία und φύσιν ἔχον und φύσις ὄν. Sein ἄνω φέρεσθαι, zur Kategorie des ποιεῖν gehörig, ist nur φύσει oder κατὰ φύσιν.[2]

---

[1] Οὔσης τῆς φύσεως ἀρχῆς τινος καὶ αἰτίας τοῦ κινεῖσθαι καὶ ἠρεμεῖν ἐν ᾧ ὑπάρχει πρώτως καθ' αὑτό.

[2] Nach diesen Entwickelungen genügt die Paraphrase von Brandis (S. 664) nach vielen Seiten hin nicht: „Alles der Natur Angehörige (hier, wo drei *termini* scharf geschieden werden, musste sich der Paraphrast streng an den Ausdruck halten) ist Wesenheit (besser: Substanz), sofern (!) darunter der Träger und was zu ihm ist zusammenbegriffen wird (mit Bezug auf die σύνθετος οὐσία, die Vereinigung von μορφή und ὕλη) und (besser: aber) Alles, was ihr (dem φύσιν ἔχοντι vielmehr) an sich zukommt, ist durch Natur oder naturgemäss. Man vergleiche auch seine Anmerkung.

Nachdem diese Terminologieen feststehen, fragt sich nun erst im Folgenden: Was an der οὐσία, die φύσιν, das Princip der Bewegung und der Ruhe, in sich hat, ist denn die φύσις? Die Einen sagen: die Materie. 193 ᵇ8 sqq: ἄλλον τρόπον ἡ φύσις ἂν εἴη ..... ἡ μορφὴ καὶ τὸ εἶδος ...... τὸ δ᾽ ἐκ τούτων φύσις μὲν οὐκ ἔστι, φύσει δὲ, οἷον ἄνθρωπος. καὶ μᾶλλον αὕτη φύσις τῆς ὕλης. Nachdem Aristoteles mit schwer zu verkennender Deutlichkeit nur zwei Ansichten über das, was in der οὐσία, dem ὑποκείμενον, φύσις sein könne, aufgestellt hatte, nachdem er ferner auf's Bestimmteste versichert hatte, φύσις und φύσιν seien ganz verschiedene Dinge und das, was φύσει sei, oder φύσιν habe, sei nicht selbst φύσις; daher letzteres auch das aus Stoff und Form zusammengesetzte Einzelding nicht: dachte er schwerlich, dass es möglich sei, den Satz καὶ μᾶλλον αὕτη φύσις τῆς ὕλης doch zu beziehen auf das σύνθετον.[1]) Der Satz τὸ δ᾽ ἐκ τούτων κ. τ. λ. ist parenthetisch zu fassen; αὕτη geht auf ἡ μορφὴ zurück. Diese Erklärung bestätigt sich in dem Folgenden 193, 8—12, das einige Dunkelheiten hat; schon Simplicius klagte über ἀσάφεια.

Es werden Gründe angegeben, weshalb die Form mehr φύσις ist als die ὕλη. 1) weil man alles mehr nach der Entelechie bezeichnet, als nach der Dynamis. Und zur Entelechie kommt die ὕλη erst nach Aufnahme der Form (vgl. 193, 33 sqq.). 2) (ἔτι) γίνεται ἄνθρωπος ἐξ ἀνθρώπου; d. h. aus schon formbehafteter Materie. Da unter φύσις auch die organische Kraft zu verstehen ist, ἐξ οὗ φύεται πρῶτον τὸ φυόμενον ἐνυπάρχοντος (Met. 1014 ᵇ17) ἡ ἔστιν ἡ γίνεταί τι τῶν φύσει ὄντων (l. 26), so kann sie nur in der Form bestehen, denn die blosse Materie ohne Form erzeugt keinen Menschen. — ἀλλ᾽ οὐ κλίνη ἐκ κλίνης. Natürlich! denn die κλίνη ist kein Ding, welches das Princip der Bewegung in sich hätte, sie hat also gar keine φύσις (vgl. 192 ᵇ14 sqq.). διὸ καί φασιν οἱ περὶ Ἀντιφῶντα, von denen vorher die Rede war, οὐ τὸ σχῆμα εἶναι τὴν φύσιν ἀλλὰ τὸ ξύλον, ὅτι γένοιτ᾽ ἂν, εἰ βλαστάνοι, οὐ κλίνη ἀλλὰ ξύλον. Sollte die κλίνη noch Sprossen treiben, würde sie es nicht als κλίνη thun; sondern als ξύλον, d. h. nicht das τεχνικόν an ihr, sondern das φυσικόν (vgl. wiederum 192 ᵇ14 sqq.). εἰ δ᾽ ἄρα τοῦτο (nämlich das σχῆμα) τέχνη, καὶ ἡ μορφὴ φύσις, γίνεται γὰρ ἐκ ἀνθρώπου ἄνθρωπος. Wenn aber das τεχνικόν an der κλίνη, nämlich das σχῆμα, τέχνη ist .(nach 193, 30), so auch analog die Form im Organischen φύσις.

Das Folgende zeigt noch aus dem φύεσθαι, welches ein Streben zur Form hin darstellt, dass diese die eigentliche φύσις ist. Das Vergehen strebt zur στέρησις, auch diese εἶδός πως.

Γ, 1.

Eine zwiefache γραφή überliefert Simplicius in diesem Capitel zu 201, 27:

1) nach Aspasius, Themistius und den meisten Handschriften: ἡ δὲ τοῦ δυνάμει ὄντος, ὅταν ἐντελεχείᾳ ὂν ἐνεργῇ, οὐχ ᾗ αὐτὸ ἀλλ᾽ ᾗ κινητόν, κίνησίς ἐστιν. Von dieser Lesart findet sich nach Bekker's Notiz in seinen Codd. zur Physik nur noch in einer Randbemerkung zu Cod. I, die wahrscheinlich aus Simplicius stammt, eine Spur. In der parallelen Stelle der Metaphysik wird dagegen die Lesart neben anderen auch von Cod. E vertreten.

2) Alexander und Porphyrius lasen: ἡ δὲ τοῦ δυνάμει ὄντος, ὅταν ἐντελεχείᾳ τι ὂν ἐνεργῇ, ᾗ τῷ αὐτὸ ᾗ ἄλλο, ᾗ κινητόν, κίνησίς ἐστιν. Alexander kannte zwar die Lesart des Aspasius, aber zog die zweite vor wegen des Zusatzes αὐτὸ ᾗ ἄλλο, indem er den Unterschied zwischen der physischen, aus innerm Prinzip stammenden φορά oder αὔξησις, und

---

[1] So Porphyrius (Scholl. 347, 17). Auch Brandis ist diese Menschlichkeit passirt: — es rächt sich hier, dass er vorher die termini nicht so scharf geschieden hat, wie Aristoteles wollte. — Durchaus richtig J. Pacius.

der künstlerischen oder gewaltthätigen Einwirkung von aussen ausgedrückt fand. Er entschied sich also, wenn Simplicius correkt berichtet, für die zweite Lesart nur, weil sie ihm inhaltsvoller schien, ohne stärkere Garantieen von aussen für dieselbe zu haben. Die erste Lesart schien vielmehr beglaubigter zu sein. Wenigstens bemerkt Simplicius: ἴσως ἀσφαλεστέρα ἐστιν ἡ τοῦ Ἀσπασίου γραφή.

Philoponus sagt freilich, die zweite Lesart finde sich in „älteren" Handschriften. Wenn das schon Alexander notirt hatte — und ohne diese ausdrückliche Versicherung hat das Zeugniss des Philoponus keinen Werth — so hätte der sorgsame Simplicius nicht unterlassen, dies Moment hervorzuheben. Er sagt aber nur: die meisten Handschriften hatten so, wie Aspasius las, bält deshalb die Lesart für ἀσφαλεστέρα und meldet, Alexander habe die andere nicht äusserer Zeugnisse wegen, sondern um dem Satz mehr Inhalt zu geben, vorgezogen. — Alexander versucht auch seine Lesart durch das Folgende zu bestätigen. Dagegen bemerkt Simplicius mit vollem Recht, dass die Beispiele, welche sich anschlüssen, alle von der Kunst hergenommen seien; dass keins folge für den ersten Fall des Alexanderschen Textes, für die Bewegung aus innerlichem Princip; es werde also durch nichts eine vorhergegangene Scheidung beider Bewegungen indicirt.

Eher scheint das Folgende ein Beleg für die erste Lesart οὐχ ᾗ αὐτὸ ἀλλ' ᾗ κινητόν zu sein. Denn damit soll doch möglichst scharf bezeichnet werden, dass die Energie des beweglichen Körpers, nicht insoweit er Holz oder Stein ist, sondern nur insofern er beweglich ist, Bewegung ist. In derselben Schärfe erklärt Aristoteles selbst sofort auch durch den Gegensatz die Bedeutung des ᾗ κινητόν: λέγω δὲ τὸ ᾗ ὡδί · ἔστι γὰρ ὁ χαλκὸς δυνάμει ἀνδριάς, ἀλλ' ὅμως οὐχ ἡ τοῦ χαλκοῦ ἐντελέχεια, ᾗ χαλκός, κίνησις ἐστιν.

Nach all' diesem möchte ich rathen, mit Simplicius die Lesart des Aspasius wieder in den Text zu nehmen, die wohl auch durch Handschriften der Physik verbürgt sein muss, denn J. Pacius hat sie im Text. Und durch Conjectur kann er doch nicht darauf gekommen sein. Damit soll durchaus nicht gesagt sein, dass nicht die Lesart Alexanders auch einen guten Sinn gäbe, nur nicht einen, auf den unser Capitel schon hinwiese. Eine solche Bemerkung, wie Alexander sie hier finden will, würde mehr mit den Distinctionen zwischen κινητόν und κινητικόν im dritten Capitel im Zusammenhang stehen; würde zeigen, dass das κινητικόν entweder in dem Dinge selbst oder ausserhalb, in einem Andern liegen kann. — Ausserdem ist nach δυνάμει ὄντος der Construction wegen ἐνέργεια einzuschalten. So schon J. Pacius ohne weitere Bemerkung, Bonitz zu der parallelen Stelle der Metaphysik und neulich in den Studien pag. 61. — Beide sind in Energie: das κινητόν und das κινητικόν — welche beiden Energieen freilich Ein und dasselbe sind, ὥσπερ τὸ αὐτὸ διάστημα ἓν πρὸς δύο καὶ δύο πρὸς ἕν (202, 13 sqq.).

Γ, 5.

Aristoteles hat im Anfang des Capitels Erwägungen angestellt gegen die Annahme der actuellen, für sich seienden Existenz des Unendlichen. Es kann nur, ergibt sich aus dem Ganzen, ein nothwendiges Attribut einer Substanz sein. Denn sollte es selbst Substanz sein, wäre es theilbar oder untheilbar. Liesse es Theilung zu, so zerfiele es, da es οὐσία ist, in viele ἄπειρα.[1] Also untheilbar! Aber auch das ist unmöglich, denn es ist ein ποσόν (204 ᵃ8—34). In diesem Zusammenhang steht auch der Satz, der für die gleich zu entwickelnde Textsaporie im Folgenden von einiger Wichtigkeit ist.

[1] Vergl. S. 12.

l. 17: πῶς ἐνδέχεται εἶναί τι αὐτὸ ἄπειρον, εἴπερ μὴ καὶ ἀριθμὸν καὶ μέγεθος, ὧν ἐστι καθ' αὑτὸ πάθος τι τὸ ἄπειρον. Also: Das Unendliche ist nothwendiges Attribut von Zahl und Grösse; wie kann es also Etwas für sich sein, wenn diese nicht?

Dass die μαθηματικά sich nicht von den sinnlich wahrnehmbaren Dingen loslösen und als gesonderte Substanzen fassen lassen, lehrt Aristoteles *Met. M.* 2 1076 ᵇ11—77 ᵇ14. Nur τῇ νοήσει kann man sie sondern von den αἰσθητά, gerade so gut als man die Farbe, die Schwere für sich, unabhängig von dem, was der Körper sonst ist, untersuchen kann. In Wirklichkeit sind alle diese Eigenschaften unlösbar (1077 ᵇ14—1078 ᵇ6). Wenn aber Plato und seine Schüler um der Unumstösslichkeit der mathematischen Sätze willen, die sich deswegen gleichsam der Seele einschmeicheln, eine Trennung von der unsicheren schwankenden Materialität der Körper verlangten, so ist Aristoteles der Ansicht, dass der geschlossenen Consequenz Nichts abgeht, wenn man in Gedanken bei Betrachtung der Grösse und Zahl von den sonstigen Eigenschaften der Materie abstrahirt, sie nicht betrachtet, ἢ αἰσθητά, ἀλλ' ἢ ταχᾶ (1077 ᵇ22). Πάντα δὴ ταῦτα καὶ ἄλλα τοιαῦτα¹) φανερὸν ποιεῖ, ὅτι ἀδύνατον εἶναι τὸν ἀριθμὸν καὶ τὰ μεγέθη χωριστά (*Met. M.* 9; 1085 ᵇ34). Dies zur Erklärung des Satzes und zur Vorbereitung für das Folgende von 204 ᵃ34 — ᵇ10: λογικῶς μὲν οὖν σκοπουμένοις ἐκ τῶν τοιῶνδε δόξειεν ἂν οὐκ εἶναι (σῶμα ἄπειρον). εἰ γάρ ἐστι σώματος λόγος τὸ ἐπιπέδῳ²) ὡρισμένον, οὐκ ἂν εἴη σῶμα ἄπειρον, οὔτε νοητὸν οὔτε αἰσθητόν.

ἀλλὰ μὴν οὐδ' ἀριθμὸς οὕτως ὡς κεχωρισμένος καὶ ἄπειρος· ἀριθμητὸν γὰρ ἀριθμὸς ἢ τὸ ἔχον ἀριθμόν· εἰ οὖν τὸ ἀριθμητὸν ἐνδέχεται ἀριθμῆσαι, καὶ διεξελθεῖν ἂν εἴη δυνατὸν τὸ ἄπειρον.

Die Sätze beantworten die beiden Fragen: 1) gibt's ein σῶμα ἄπειρον? 2) einen ἀριθμὸς ἄπειρος? Die erste Frage muss verneint werden, wie die blosse Definition des σῶμα als des durch Flächen Begrenzten lehrt. Denn das ὡρισμένον ist eben nicht ohne ὅρος, πέρας, kein ἄπειρον.

Wollten wir uns, ohne zunächst die folgenden dastehenden Worte zu berücksichtigen, aus sonstigen Lehren des Aristoteles vorstellig machen, wie er wohl auch das Zweite als unmöglich erweisen könnte, so wäre es nicht schwer, die nöthigen Sätze ähnlich dem ersten Beweis zusammenzustellen. Das Material können uns folgende Stellen liefern: *Met.* N, 1. 1088 ᵃ5 ff. 1, 6 1057 ᵃ2—12.

„Die Zahl ist eine Menge von Einheiten, die Einheit ein μέτρον, also die Zahl ein πλῆθος μέτρων, ein πλῆθος μεμετρημένον. — Das πλῆθος ist gleichsam das γένος der Zahl; denn die Zahl ist πλῆθος ἑνὶ μετρητόν. Zahl und Eins stehen in ähnlichem Verhältniss zu einander, wie ἐπιστήμη und ἐπιστητόν, denn die Eins ist das μέτρον, die Zahl das μετρητόν." Wir könnten nun, wenn wir daraus einen Beweis spinnen wollten, so fortfahren: Ist nun die Zahl ἑνὶ μετρητὸν oder ἀριθμητὸν und muss alles Mess- und Zählbare zu Ende gezählt und gemessen werden können, so ist die Zahlenreihe endlich.

Und unsere Stelle scheint zu zeigen, dass wir nicht schlecht raisonnirt haben, so lange wir bloss die Worte ἀριθμητὸν γὰρ ἀριθμὸς ἢ τὸ ἔχον ἀριθμόν. εἰ οὖν τὸ ἀριθμητὸν ἐνδέχεται ἀριθμῆσαι, καὶ διεξελθεῖν ἂν εἴη δυνατὸν τὸ ἄπειρον in Betracht ziehen; denn die sind ganz dem, was wir vermutheten, entsprechend!

Um so beengender wird aber die Aporie, in welche uns der voraufgehende Satz versetzt: ἀλλὰ μὴν οὐδ' ἀριθμὸς οὕτως ὡς κεχωρισμένος καὶ ἄπειρος, in welchem ein offenbarer

---

¹) Vorzüglich in *Met. M* und *N*.
²) Besser mit der Parallelstelle *Met. K* 10; 1066 ᵇ23: ἐπιπέδοις.

Widerspruch nicht bloss mit dem Folgenden, sondern auch mit der ganzen vorherentwickelten Ansicht des Aristoteles liegt. Prantl möge uns ihn übersetzen: Aber auch die Zahl ist nicht so wie sie abstract getrennt ist (von den αἰσθητά doch wohl), so auch unbegrenzt, denn u. s. w. Wie viel Bedenken entwickeln sich da auf einmal? Erschien nicht eben deshalb die Zahl als endlich, weil sie ἀριθμητόν, eine Reihe zählbarer Gegenstände ist? Der Beweis liefe ja auf den Unsinn hinaus: Die abstracte Zahl ist nicht unendlich, denn die concreten Dinge, welche Zahl haben, sind zählbar! Und ist es überhaupt aristotelisch, die Zahl als gesonderte Existenz, als für sich seiende Substanz zu fassen? Wir sahen: Nein. Gerade gegen diese Annahme der Platoniker geht die Argumentation von *Met.* M u. N. Ferner würde man nach der Uebersetzung besser das οὕτως vor καὶ erwarten. Endlich scheint auch Philoponus nicht so gelesen zu haben, wie jetzt unsere Codd. den Text bieten. Er sagt: In den Sätzen steht, dass die von den Dingen abstrahirte Zahlenreihe sowie die Zahl der Dinge selbst durchaus begrenzt ist. Von den abstracten Zahlen aber glaubt er nicht etwa sei in dem Ausdruck κεχωρισμένος etwas angedeutet, — er fasst die Abstraction auch überhaupt nur als eine vorgestellte, denn er will die abstracten Zahlen an den Fingern abzählen — sondern, um diese doppelte Bedeutung herauszubekommen, nimmt er in dem Satze: ἀριθμητὸν γὰρ ἀριθμὸς ᾧ τὸ ἔχον ἀριθμόν — ἀριθμός als abstracte Zahl und ᾗ = καί.[1] Ἤ, fügt er hinzu, könne auch wohl als „oder vielmehr" genommen werden, womit nach seiner Meinung die aristotelische Voraussetzung, dass die Zahl nichts παρὰ τὰ πράγματα, eben kein κεχωρισμένον ist, ausgedrückt wäre. War bei einer solchen Paraphrase möglich, dass vorher gesagt war: die Zahl sei, wie sie abstract für sich existire, so nicht unendlich?

Ist es nun offenbar nicht eine Ansicht des Aristoteles, die in den Worten stecken soll, hat auch Philoponus nichts davon in ihm Text gefunden, ist es vielmehr die Ansicht derer, welche die Existenz der Idealzahlen behaupteten, so würde sich vielleicht folgende Conjectur empfehlen: ἀλλὰ μὴν οὐδ' ἀριθμός, οὕτως ὡς τινές φασι (oder λέγουσί τινες oder ἔτι ο. Aehnl.) κεχωρισμένος καὶ ἕτερος. Der Ausdruck τινές für Plato und seine Schule wird dem nicht befremden, der einigermassen im Aristoteles belesen ist: „Die Zahl ist nicht, wie sie von Einigen gefasst wird, für sich seiend und unendlich." Die erste Behauptung war schon oben, wie wir bemerkten, zurückgewiesen und das Gegentheil wird ohne Weiteres im Folgenden ausgesprochen; das Zweite durch den Begriff der Zählbarkeit, welcher der Zahl zukommt, erwiesen.

Jedoch wäre am Ende die Uebersetzung Schuld, dass Alles so schief gestellt wurde? Vielleicht liesse sich aus den Worten selbst der durch Conjectur bezeichnete Sinn gewinnen? Καὶ könnte ja als „und" gefasst werden und das οὕτως ὡς bei κεχωρισμένος in dem Sinne der Conjectur: Aber auch die Zahl ist nicht unendlich und so wie getrennt. Dass ὡς und οἷον zu Begriffen hinzugesetzt werden, um den Satz entweder als subjective Ueberzeugung darzustellen oder um anzudeuten, dass der Ausdruck nicht eigentlich und ganz treffend ist, kann wohl als bekannt gelten; von ὡς zu οὕτως ὡς aber weiter zu gehen keine allzu grossen Bedenklichkeiten haben. Es darf also auch grammatisch die Negation, wie

---

[1] τοῦτό φησιν, ὅτι ὁ ἀριθμός ᾧ τι ἐπὶ τῶν δακτύλων καὶ ὁ ἀριθμός ὁ ἐπὶ τῶν πραγμάτων αὐτῶν λαμβανόμενος .... πεπέρασται πάντως, ὅσον κ. τ. λ. .... πρὸς δὲ ταύτην τὴν ἐξήγησιν τὸ „ᾗ τὸ ἔχον ἀριθμόν" ἀντὶ τοῦ καὶ τὸ ἔχον ἀριθμόν.

ἢ οὖν τοῦτό φησιν, ἢ ὅπερ καὶ μᾶλλον, ὅτι οὐδεὶς ἀριθμὸς χωριστὸς τῶν ἀριθμημένων, ἀλλὰ πᾶς ἀριθμὸς ἐν τοῖς ἀριθμητοῖς ἔχει τὸ εἶναι κ. τ. λ.

es nach dem Zusammenhang und der Aristotelischen Ansicht nöthig ist, zu κεχωρισμένος gezogen werden: „sowohl die Fassung des ἀριθμός als κεχωρισμένος ist falsch, als auch ist er nicht unendlich." Wollte man aber der Interpretation nicht beistimmen, gegen die ich keine Bedenken habe, so nehme man die Conjectur hin!

Γ, 6.

Aristoteles recapitulirt zu Anfang aus dem Vorigen, dass das ἄπειρον nicht κατ' ἐνέργειαν sei. Aber, fährt er fort, man kann es sich als δυνάμει seiend denken; freilich nicht in dem Sinne, als ob die Potenz jemals Actus zu werden berufen sei, sondern das Sein des ἄπειρον besteht wie das Sein des Tages und des Wettkampfes in einem Werden, das hier eben nie aufhört. Ein solches Sein nimmt man zunächst wahr bei der διαίρεσις τῶν μεγεθῶν; es ist, da wie immer, τῷ ἀεὶ ἄλλο καὶ ἄλλο λαμβάνεσθαι; das Genommene ist immer ein πεπερασμένον, aber ohne Ende immer weiter theilbar, es entsteht immer ein Anderes und wieder ein Anderes.

Darauf folgende Stelle (206 ᵇ3—13):

τὸ δὲ κατὰ πρόςθεσιν τὸ αὐτό ἐστί πως καὶ τὸ κατὰ διαίρεσιν· ἐν γὰρ τῷ πεπερασμένῳ κατὰ πρόςθεσιν γίνεται ἀντεστραμμένως· ᾗ γὰρ διαιρούμενον ὁρᾶται εἰς ἄπειρον, ταύτῃ προςτιθέμενον φανεῖται πρὸς τὸ ὡρισμένον. ἐν γὰρ τῷ καπερασμένῳ μεγέθει ἂν λαβών τις ὡρισμένον προςλαμβάνῃ τῷ αὐτῷ λόγῳ, μὴ τὸ αὐτό τι μέγεθος τῷ ὅλῳ περιλαμβάνων, οὐ διέξεισι τὸ πεπερασμένον ἐὰν δ' οὕτως αὔξῃ τὸν λόγον ὥςτε ἀεὶ τι τὸ αὐτὸ περιλαμβάνειν μέγεθος, διέξεισι, διὰ τὸ πᾶν τὸ πεπερασμένον ἀναιρεῖσθαι ὁτῳοῦν ὡρισμένῳ. ἄλλως μὲν οὖν οὐκ ἔστιν, οὕτως δ' ἔστι τὸ ἄπειρον, δυνάμει τε καὶ ἐπὶ καθαιρέσει.

Sollte der etwas dunkele Text in völliger Reinheit und Ursprünglichkeit vor uns liegen? Suchen wir zunächst den allgemeinen Inhalt zu bestimmen, um von da aus etwaige Varianten und die Ausdrucksweise im Einzelnen beurtheilen zu können.

Aus den Aristotelischen Worten und der Erklärung des Simplicius reimt man sich so viel zusammen, dass die hier vorschwebende πρόςθεσις insofern ἀντίςτροφος τῇ διαιρέσει ist, als der Process der Theilung auch hier vorausgesetzt wird, das aber, während bei jener Theilung es auf Verkleinerung ankam, hier durch Addition der entstehenden Theile eine Vergrösserung Statt findet. Theile ich z. B. — denn wir werden nach dem S. 12 Auseinandergesetzten zunächst an Zweitheilung zu denken haben — in folgender Weise: 1, ½, ¼, ⅛, ¹⁄₁₆, ¹⁄₃₂ u. s. w., so ist die bis ins Unendliche gehende πρόςθεσις so gemeint, dass ich, von ¹⁄₃₂ ausgehend, durch Addition der folgenden Glieder der geometrischen Reihe nie die ursprüngliche Einheit wiederherstelle. Immer der Theil, welcher in der fortschreitenden Verkleinerung durch Halbirung nicht weiter getheilt wird, wird bei dieser πρόςθεσις dem Früheren zugezählt. Theile ich z. B. eine Linie in zwei Hälften a und b, und a weiter in a' und b', a' weiter in a" und b" u. s. f., so addirt die beabsichtigte πρόςθεσις immer die entstehenden b's.

Man beachte nach diesen Vorbemerkungen, dass διαίρεσις, Division, und πρόςθεσις, Addition, in Parallelität gestellt werden; nicht anpassend, denn die Division ist in diesen Fällen zugleich eine Substraction. Um die nicht weiter halbirten Stücke wird das Ganze bei der διαίρεσις in derselben Weise kleiner, wie die erste Hälfte um dieselben bei der πρόςθεσις grösser wird, d. h. das erste Mal wird von dem Ganzen substrahirt, das zweite Mal zu dem Ganzen hin addirt. Durch diese Betrachtungen wird uns die Ver-

---

1) Wobei 1 für jedes beliebige Ganze gelte.

wechselung der Termini für subtrahiren und dividiren, von der S. 12 Anm. die Rede war, von Neuem begreiflich; erklärlich, weshalb synonym mit der διαίρεσις 206, 15: ἀφαίρεσις, 213, 31: καθαίρεσις gebraucht werden.[1]

Nach diesen Explicationen wird sich Einiges in der obigen Stelle verständlicher machen als es auf den ersten Blick schien. Es wird eingesehen werden, inwiefern τὸ κατὰ διαίρεσιν und τὸ κατὰ πρόσθεσιν τὸ αὐτό πως sind, oder wie es später im Text (l. 17) heisst: ταὐτὸ τρόπον τινί, auch der „τρόπος" klar sein. — In dem zweiten Satze: ἐν γὰρ τῷ πεπερασμένῳ κατὰ πρόσθεσιν γίνεται ἀντεστραμμένως muss vor κατὰ πρόσθεσιν ein τὸ eingeschaltet werden; ohne dies kann der Ausdruck — und eine andere Fassung gibt nicht den erforderlichen oder kaum einen Sinn — nicht Subject des Satzes sein. „Innerhalb des Begrenzten" ist hier und l. 7 wieder hinzugesetzt, weil die Addition und Subtraction der bei der Halbirung abgeschnittenen Glieder innerhalb derjenigen begrenzten Grösse bleibt, von der man hier abzieht, zu der man dort hin addirt. In wiefern die beiden Vorgänge analog sind, ist schon oben auseinandergesetzt. Im Text ist's so ausgedrückt: ἡ γὰρ διαιρούμενον ὁρᾶται εἰς ἄπειρον, ταύτη προστιθέμενον φαίνεται πρὸς τὸ ὡρισμένον. Schon die Worte, wie man sieht, entsprechen sich genau: ἡ — ταύτη, διαιρούμενον — προςτιθέμενον, ὁρᾶται — φανεῖται,[2] εἰς ἄπειρον — πρὸς τὸ ὡρισμένον. Abgezogen also wird εἰς ἄπειρον, angezählt πρὸς τὸ ὡρισμένον, jenes zu einer unendlich kleinen Grösse hin, addirt zu der bestimmten, endlichen, von der man bei der Substraction ausging: also die umgekehrte und doch auf derselben Theilung beruhende Bewegung zu entgegengesetzten Zielen innerhalb desselben Begrenzten! Dasselbe wird l. 18 so ausgedrückt: οὐ ὑπερβαλεῖ (Futurum wie oben in φανεῖται) παντὸς ὡρισμένου μεγέθους, ὥσπερ ἐπὶ τὴν διαίρεσιν ὑπερβάλλει (Praesens wie oben in ὁρᾶται) παντὸς ὡρισμένου καὶ ἔσται ἔλαττον (die letzten Worte sind des ἔσται wegen wohl auf die πρόθεσις zu beziehen, καὶ im Sinne von ἀλλά: die πρόσθεσις nähert sich dem Ganzen so zu sagen asymptotisch).

Es folgt in unserer Stelle folgender Satz: ἐν γὰρ τῷ πεπερασμένῳ μεγέθει λαβών τι ὡρισμένον προσλαμβάνῃ τῷ αὐτῷ λόγῳ, μὴ τὸ αὐτό τι μέγεθος τῷ ὅλῳ περιλαμβάνων, οὐ διέξεισι τὸ πεπερασμένον. Die Worte sollen offenbar lehren. — dasselbe, was wir schon in den aus l. 18 sqq. angeführten Worten fanden — inwiefern innerhalb des Endlichen eine unendliche πρόσθεσις denkbar ist und wie sich dieselbe von der, welche das Endliche aufmisst, unterscheidet. Man kommt zu Ende, wenn man immer dieselben Grössen aneinandersetzt: a+a+a; nicht zu Ende, wenn die folgende immer in demselben Verhältniss (τῷ αὐτῷ λόγῳ) kleiner ist, wenn es eine nach demselben Exponenten fallende Reihe ist.

Folgende Varianten notirt Bekker und gibt uns Simplicius zu den Worten von μή an: Bekker: τι) τι τοῦ ὅλου F, om. E ‖ τῷ ὅλῳ) τῷ λόγῳ I, om. F ‖. — Simplicius: 1) τοῦ ὅλου μέγεθος τοῦ ὅλου περιλαμβάνων, 2) ἔν τινι φέρεται: — τοῦ λόγου μέρος περιλαμβάνων. Seine erste Lesart erklärt Simplicius so: μέγεθος τὸ ἀφ' ἑκάστου ὅλου τοῦ καὶ προστιθέμενον εἰς διαίρεσιν ἀφαιρούμενον. Man sieht: das τοῦ ὅλου des Lemma ist wenigstens einmal durchaus verbürgt; das zweite geben wir, die folgende Interpretation der Stelle wird's begründen, auf. Für diese Lesart steht neben Simplicius Cod. F.

Die zweite Lesart des Simplicius, wovon sich in unsern Handschriften in Cod. I noch eine Spur findet, bloss dass, wie so häufig, aus dem Genetiv der Dativ geworden ist, ver-

---

[1] Bonitz ändert Met. I, 4; 1027 ᵇ82 die handschriftliche Lesart: εἰ τι ἄλλα συνάπτει ἢ ἀφαιρεῖ ἢ ἄλλως auf Grund der Paraphrase Alexanders in διαιρεῖ. Es bleibt nach dem Obigen fraglich, ob bei der empirisch nachgewiesenen und begrifflich erklärlichen Synonymität der Worte eine Aenderung nöthig war.

[2] Auch das Futurum ist bedeutsam; die διαίρεσις liegt schon als fertig vor, die Addition der Quotienten erfolgt erst.

stehe ich trotz der Bemühungen des Simplicius, sie zu deuten, gar nicht. Sie beruht auf der landläufigen Vertauschung von λόγος und ὅλος. Wir haben darauf nichts zu geben.

Nun gibt Cod. E. noch eine dritte Lesart: τῷ ὅλῳ — auf welcher Bekker's Text beruht und von der Simplicius (noch?) nichts weiss. Die letzte Entscheidung bei der Constitution des Textes droht sich also, wenn wir die nichts bedeutende Versetzung (Cod. F.) oder Wiederholung (Simpl. I.) der Worte τοῦ ὅλου ausser Acht lassen, da die zweite Lesart des Simpl. gar keinen Sinn gibt und sich durch blosse Annahme einer gewöhnlichen Verschreibung aus der ersten ableiten lässt, einfach um die Frage: τοῦ ὅλου oder τῷ ὅλῳ? War der Dativ das Ursprüngliche, oder beobachten wir hier, wie oben bei dem τῷ λόγῳ des Cod. I, das aus τοῦ λόγου entstanden ist, den Uebergang des Genetiv in den Dativ?

Lesen wir τῷ ὅλῳ, so hängen die Worte offenbar von αὐτὸ ab. Nun lässt τὸ ὅλον zwei Fassungen zu. Verstehen wir unter τὸ ὅλον das jedesmalige letzte Glied der in's Unendliche fortschreitenden Reihe, das weiter getheilt wird, so würde der Zusatz verbieten, dass eine diesem Ganzen gleiche Grösse, nicht ein Theil dazu addirt werde: also z. B. Fuss zu Fuss, dass also die Theilung des Maasses unterbleibt. Jedoch gerade in Beziehung auf eine folgende Theilung ist ja in der vorausgesetzten Bedeutung die genommene Grösse überhaupt nur ein Ganzes, der Fuss im Vergleich zum halben u. s. w. Fuss. Diese Erklärung vernichtet diese Lesart.

Ist ὅλον aber, was an sich ebenfalls denkbar wäre, das ursprünglich vorausgesetzte πεπερασμένον, das der διαίρεσις überhaupt zu Grunde liegt, τὸ ἀεὶ προτιθέμενον εἰς διαίρεσιν, wie Simpl. sagt, so ist zu erinnern, dass das dieselbe Grösse ist, zu der die πρόςθεσις erst hinstrebt. Von einer diesem Ganzen gleichen Grösse kann doch nun aber erst recht nicht die Rede sein; wem müsste bewiesen werden, dass eine Summirung von Grössen, die diesem gleich sind, über das gesetzte πέρας hinausginge? Und das ist doch auch kein ὡρισμένον, welches von dem πεπερασμένον genommen wird, durch dessen Vervielfältigung man das πεπερασμένον, wie es im Text l. 11. heisst, durchschreitet! Wo blieben da die Schritte?

Versuchen wir's mit dem Genetiv, den auch Them. las. Wenigstens τῷ ὅλῳ hatte er sicher nicht im Text, denn er erklärt: ἐν ἴσα τις; ἀλλήλοις — nicht τῷ ὅλῳ — τὰ μεγέθη ἀεὶ λαμβάνῃ.

Simplicius lässt ihn von περιλαμβάνειν abhängen. Wie kann er das? Was heisst περιλαμβάνειν? An die gewöhnliche Bedeutung des Umfassens, Insichbegreifens, wie es dem Ganzen, gegenüber den Theilen, zukommt, kann natürlich hier nicht gedacht werden. Περιαιρεῖν ist bei Aristoteles gleich ἀφαιρεῖν. So heisst's Met. Z, 3 in einem Zusammenhang, wo davon die Rede ist, dass nur die ὕλη als „Bodensatz" zurückbleibt, wenn man von den πάθη des concreten, greifbaren Körpers abstrahirt 1029 *11: περιαιρουμένων τῶν ἄλλων οὐ φαίνεται οὐδὲν ὑπομένον, aber l. 16: ἀφαιρουμένου μήκους καὶ πλάτους καὶ βάθους οὐδὲν ὁρῶμεν ὑπολειπόμενον. Ebenso Κ, 3; 1061 *28: ὁ μαθηματικὸς περὶ τὰ ἐξ ἀφαιρέσεως τὴν θεωρίαν ποιεῖται· περιελὼν γὰρ πάντα τὰ αἰσθητὰ θεωρεῖ. Nun wird man Περιαιρεῖν und περιλαμβάνειν nicht trennen wollen; περιλαμβάνεις steht also hier für ἀφαιρεῖν: ἐὰν μὴ τὸ αὐτὸ ᾖ μέγεθος τὸ ἀφ' ἑκάστου ὅλου τοῦ ἀεὶ προτιθεμένου εἰς διαίρεσιν ἀφαιρούμενον (Simpl.), d. h. περιλαμβάνεις == ἀφαιρεῖν.[1] Man wird nicht zu Ende kommen, wenn man nicht immer irgend eine gleiche Grösse von dem Ganzen (bei der διαίρεσις) wegnimmt und zu den frühern Gliedern der Reihe hinzuthut. Ich denke, es ist klar, dass die Lesart des Simpl. — aber mit einmaligem τοῦ ὅλου —, von der nur Cod. F. noch Zeugniss gibt, wieder herzustellen ist.

Das Folgende ist einfach: Wenn man aber die Verhältnisszahl vergrössert, so dass

[1] Man beachte den neuen auf Subtraction hinweisenden Ausdruck, welcher dem διαιρεῖν synonym auftritt.

man immer eine gleiche Grösse wegnimmt vom Ganzen, — oder, wenn man von der andern Seite kommt, zu den früheren Gliedern hinzuzählt — so wird man zu Ende kommen διὰ τό πᾶν[1]) πεπερασμένον ἀντιπεἰσθαι ὁτιῳῦν ὡρισμένῳ: weil jedes Begrenzte durch irgend ein Bestimmtes — ja, was heisst: ἀναιρεῖσθαι?

Bekannt ist die Bedeutung: Begriffe, Urtheile vernichten, aufheben: *evertere*, *tollere*. *Met.* 990 [b]17: οἱ περὶ τῶν εἰδῶν λόγοι ἀναιροῦσιν, ἃ μᾶλλον εἶναι βούλονται (d. h. die Prinzipien der Ideen). 1007,20: οἱ τοῦτο λέγοντες οὐσίαν καὶ τό τί ἦν εἶναι ἀναιροῦσιν. 994 [b]20: τό ἐπίστασθαι ἀναιροῦσιν οἱ οὕτως λέγοντες. 1012 [b]18: συμβαίνει τὸ θρυλλούμενον πᾶσι ταῖς τοιούτοις λόγοις, αὐτοὺς ἑαυτοὺς ἀναιρεῖν. 1062 [b]10: ὑπό τῶν τὰ τοιαῦτα ἐνεστημένων καὶ παντελῶς ἀναιρούντων τό διαλέγεσθαι u. A. *Phys.* A, 8, 191 [a]27: τό εἶναι ἕπαν καὶ τό μὴ εἶναι οὐκ ἀναιροῦμεν — wie diejenigen, welche sagten, οὔτε τό ὄν γίνεσθαι ἔκ τε μὴ ὄντος οὐδὲν ἂν γενέσθαι (*30). 191 [b]11: — ὥστε μηδέν οἴεσθαι γίγνεσθαι μηδὲ εἶναι τῶν ἄλλων, ἀλλ᾽ ἀνελεῖν πᾶσαν τὴν γένεσιν. Also Begriffe, Urtheile negiren! Passt das hier?

— Und wollten wir selbst eine weniger terminologische Bedeutung also „vernichten" o. Aehnl. zulassen, so könnte doch nicht gut gesagt werden, dass durch die διαίρεσις das Ganze vernichtet, zu Nichts wird. — Dem Gedanken, der hier ausgedrückt werden soll, entspräche ἀναμετρεῖσθαι. Man vergleiche Δ, 12: Die Zeit ist das Maass der Bewegung; μετρεῖ δ᾽ οὕτος τὴν κίνησιν τῷ ὁρίσαι τινὰ κίνησιν, ἣ καταμετρήσει τὴν ὅλην, ὥσπερ καὶ τό μῆκος ὁ πῆχυς τῷ ὡρίσθαί τι μέγεθος, ὃ ἀναμετρήσει τὸ ὅλον; also: ὡρισμένῳ μεγέθει ἀναμετρεῖται τὸ ὅλον.

Danach hiesse der Satz: weil jedes Begrenzte durch ein Bestimmtes aufgemessen wird. Das beweist, dass man an's Ende kommt; die „Vernichtung" gäbe dem Gedanken eine unpassende Nebenfärbung. Endlich dürfte an den Schlussworten noch eine Kleinigkeit auszusetzen sein: οὕτως δ᾽ ἐστὶ τό ἄπειρον, δυνάμει τε καὶ ἐπὶ καθαιρέσει. Verwunderlich ist gewiss die Gegenüberstellung der δυνάμει und ἐπὶ καθαιρέσει, nicht blos wegen der hier fehlenden, dort stehenden Präposition. Durch das ganze Capitel hindurch stehen, wie es passend ist, πρόςθεσις und ἀφαίρεσις, oder, was dasselbe sagen will, καθαίρεσις einander gegenüber (206, 15, [b]3. 4. 5. 6. 16. 17 u. s. w.), und, wie es ebenso passend ist, ἐνέργεια und δύναμις (206, 16. 18. 23. 24. [b]25. 26. u. s. w.). Nun folgt auch hier auf die Erwähnung der δύναμις in dem Satze, der die Deduktion, in wiefern bei der διαίρεσις und der analogen πρόςθεσις die potentielle, nie Actus werdende Unendlichkeit nachweisbar ist, abschliesst, sogleich: καὶ ἐντελεχείᾳ δέ. Es steht also δυνάμει in schönem Gegensatz zu dem folgenden ἐντελεχείᾳ; καθαίρεσις erwartet aber noch seinen σύζυγος. Sollen wir nicht die πρόςθεσις einfügen, die doch in dem recapitulirenden Satz eigentlich gar nicht fehlen darf? Endlich empfiehlt die Ausdruckweise dieses und des vorhergehenden Capitels die Formeln: ἐπὶ (oder κατὰ) πρόςθεσιν und ἐπὶ διαίρεσιν oder den blossen Dativ. Wir halten aus diesen Erwägungen folgende Schreibung für dem Ursprünglichen näher: οὕτως δ᾽ ἐστι τό ἄπειρον δυνάμει, ἐπὶ προςθέσιν τε καὶ ἐπὶ καθαίρεσιν.

Δ, 1.

In diesem Capitel hat Bekker eine Stelle, wie es scheint, allein nach Cod. E. edirt; denn der Vermerk in der Note zu 208 [b]24 lautet: νοεῖσθαι αὐτὸν (im Text umgekehrt) FGJ. || 25. ἀλλὰ μὴ ἔχειν φύσιν] οὐκ ἔχοντα φύσιν FGJ. Und was sollte auch anders geschehen? wird Jeder sagen, der nach dem blossen Sinn die Lesarten schätzt, da die Worte in FGJ. nicht einmal eine Construction zulassen. Jedoch der richtige Text war aus Simplicius zu gewinnen.

[1]) Das bei Bekker nach πᾶν stehende τὸ ist mit Cod. F. zu streichen.

Es war vorher in Betreff der Unterschiede der Oben-Unten, Rechts-Links, Vorn-Hinten gezeigt: τῷ φύσει διώρισται χωρὶς ἕκαστον (208 b19). Sie sind nicht τῇ θέσει διαφέροντα μόνον ἀλλὰ καὶ τῇ δυνάμει (l. 21). Das zeigen auch die μαθηματικά. Denn während sie nicht im Raum sind, haben sie doch κατὰ τὴν θέσιν τὴν πρὸς ἡμᾶ; das Rechts-Links. Das soll offenbar beweisen, dass eine bloss thetische Unterscheidung des Rechts und Links nicht nothwendig die objective Existenz des Raums voraussetzt[1]), der Raum ist aber objectiv.

Nun heisst's weiter bei Bekker: ὥστε μόνον αὐτῶν νοεῖσθαι τὴν θέσιν, ἀλλὰ μὴ ἔχειν φύσιν τούτων ἕκαστον. Man wird zugeben, dass φύσιν sich wunderlich ausnimmt, wenn nicht gar unbegreiflich ist: „dass aber jedes von diesen (den μαθηματικά) eine Natur hat!" Oder soll θέσιν aus dem vorigen Satz als Subject herübergezogen werden? Dann fällt φύσιν ganz heraus. Oder sollen wir mit Prantl aus αὐτῶν ein αὐτὰ hierherziehen und φύσιν als Apposition zu τούτων ἕκαστον nehmen? Jedoch dass sie das Rechts-Links nicht als Natur haben, ist nicht gemeint, sondern von Natur. Man sieht φύσιν, was FGJ. haben, oder κατὰ φύσιν wird erwartet (vergleiche B, 1. S. 29 ff.). Aber wollte man selbst κατὰ φύσιν aus Conjectur in die Lesart des Cod. E. einsetzen, so würde man sich über den sonderbaren Gegensatz nicht genug verwundern können: „so dass die θέσις nur gedacht wird, und sie nicht jedes von diesen von Natur haben." Das θέσει und φύσει Sein ist ein Gegensatz, aber das nur Gedachtwerden der θέσις und das φύσει Haben doch wohl nicht.

Simplicius bemerkt zu der Stelle: ὁ Ἀλέξανδρος τὴν λέξιν τὴν λέγουσαν „ὡς τὰ μόνον λεγόμενα διὰ θέσιν οὐκ ἔχοντα φύσει τούτων ἕκαστον" οὕτω μεταγράφει „ὥστε μόνον νοεῖσθαι αὐτῶν τὴν θέσιν." — Wir haben also in unsern Handschriften einen Text vor uns, der wahrscheinlich von ὥστε bis θέσιν nur aus einer Conjectur des Alexander hervorgegangen ist. Die Wortfolge bei Simplicius bewahren FGJ. Das Folgende, was Alexander ganz strich oder unverändert liess, hat sich ebenfalls nur bei FGJ. erhalten.

Alexander empfahl seine Lesart, wie Simplicius berichtet, so: Nachdem gesagt sei, die μαθηματικά hätten das Rechts und Links κατὰ τὴν πρὸς ἡμᾶς θέσιν, werde nun in diesen Worten hinzugefügt, was für eine θέσις? eine κατ' ἐπίνοιαν. Schon der Gedanke ist absonderlich und unnöthig. Denn die θέσις ist immer subjectiv; und wollte man's noch besonders bezeichnet haben, so liegt's gewiss hinlänglich in dem Zusatz πρὸς ἡμᾶς. Und wie sollten denn, wenn man nicht kurzer Hand von οὐκ an Alles streichen will, die Worte construirt werden? ὥστε μόνον νοεῖσθαι αὐτῶν τὴν θέσιν οὐκ ἔχοντα φύσει τούτων ἕκαστον? ἔχοντα zu αὐτῶν?

Wenn ich das Richtige sehe, haben wir in der Lesart des Cod. E. einen Versuch vor uns, aus den unentwirrbaren Worten durch neue Conjectur einen Sinn zu schaffen: ἀλλὰ ist zu gesetzt und das Folgende von ὥστε abhängig gemacht; φύσιν brachte uns vielleicht die Nachlässigkeit eines Schreibers, der den Text schon mit der Conjectur abschrieb.

Wir müssen, denke ich, hätten selbst die überlieferten Worte einen verständigen Sinn, wie sie ihn nicht haben, zunächst zu der Lesart vor der μεταγραφή des Alexander zurückgehen: δηλοῖ καὶ τὰ μαθηματικά· οὐκ ὄντα γὰρ ἐν τόπῳ ὅμως κατὰ τὴν θέσιν τὴν πρὸς ἡμᾶς ἔχει δεξιὰ καὶ ἀριστερὰ ὡς [τὰ] μόνον λεγόμενα διὰ θέσιν, οὐκ ἔχοντα φύσει τούτων ἕκαστον. Sie sind nicht im Orte; haben aber nach der subjectiven θέσις das Rechts und Links, da sie nur thetisch so genannt werden, von Natur aber nichts davon haben. Der Satz ist analog dem vorher vom ἄνω und κάτω gesagten: ὡς οὐ τῇ θέσει διαφέροντα μόνον ἀλλὰ καὶ τῇ δυνάμει. Nur διὰ θέσιν wäre noch anstössig und κατὰ θέσιν, θέσει angemessener.

---

[1]) Oder, was Simplicius will, die Worte sind ein neuer Beweis für die objective Existenz der 6 διαστάσεις, vermittelst des Zwischengedankens: τὰ θέσει ἀπὸ τῶν φύσει μετάγεται.

Δ, 1.

Von der Stelle 211 ᵇ19—29 bemerkt Philoponus vorweg, dass der Sinn sehr dunkel sei
Hätte nicht Aristoteles, fügt er hinzu, in den λόγοι vom Leeren sich selbst interpretirt,
ἔμεινεν ἂν ἀνερμήνευτος

Der Zusammenhang ist folgender: Die dem vorliegenden Capitel vorausgeschickte Uebersicht über die möglichen Ansichten von dem Wesen des τόπος und die Kritik derselben hat
zugleich gewisse allgemeine Merkmale herausgestellt, die der weitern Untersuchung zur
Grundlage dienen können. Diese fasst Aristoteles seiner Sitte gemäss in folgende Axiome
zusammen: 1) Der Ort umfasst den Gegenstand; 2) er ist nichts von diesem selbst; 3) er ist
gleich gross wie dieser; 4) er kann von ihm getrennt werden; 5) in ihm unterscheidet man
oben und unten; 6) jeder Körper bewegt sich von Natur nach einem ihm eigenthümlichen
Ort, wenn er nicht schon da ist.

Diese Eigenschaften des τόπος; müssen sich, wie sie zur Auffindung des Begriffs dienen,
so umgekehrt aus dem gefundenen Wesen desselben wieder ableiten lassen. Nun muss,
heisst's 211 ᵇ6, der Ort nothwendigerweise von folgenden 4 Dingen eins sein: entweder μορφή
oder ὕλη oder διάστημά τι τὸ μεταξὺ τῶν ἐσχάτων oder τὰ ἔσχατα selbst, wenn zwischen denselben nur die Ausdehnung des Körpers ist, (nicht eine räumliche noch ausserdem).
Aristoteles lässt also gleich seine Ansicht über das διάστημα mit einfliessen. Weiter po-
lemisirt er gegen diese Annahme von 211 ᵇ14 an. Man kam, sagt er, auf diesen Gedanken,
weil man sah, dass das Eingeschlossene wechselt, ohne dass sich das Einschliessende mit
verändert; da schien denn das διάστημα dazwischen auch „Etwas" zu sein, ὡς ὅν τι παρὰ
τὸ σῶμα τὸ μεθιστάμενον. Aber wäre diese Voraussetzung richtig, so müsste es sich einmal
auch besonders, für sich bestehend, zeigen, es müsste ein Leeres geben; allein sobald der
alte Körper geht, füllt irgend ein beliebiger anderer die entstandene Lücke. Nun folgen
die dunkeln Worte:

19 εἰ δ' ἦν τι τὸ διάστημα
20 τὸ πεφυκὸς καὶ μένον ἐν τῷ αὐτῷ τόπῳ, ἄπειροι ἂν ἦσαν
21 τόποι· μεθισταμένου γὰρ τοῦ ὕδατος καὶ τοῦ ἀέρος ταὐτὸ
22 ποιήσει τὰ μόρια πάντα ἐν τῷ ὅλῳ ὅπερ ἅπαν τὸ ὕδωρ
23 ἐν τῇ ἀγγείῳ ἅμα δὲ καὶ ὁ τόπος ἔσται μεταβάλλων.
24 ὥστ' ἔσται τοῦ τόπου τ' ἄλλος τόπος, καὶ πολλοὶ τόποι
25 ἅμα ἔσονται.¹) οὐκ ἔστι δὲ ἄλλος τόπος ὁ τοῦ μορίου, ἐν ᾧ
26 κινεῖται, ὅταν ὅλον τὸ ἀγγεῖον μεθίστηται, ἀλλ' ὁ αὐτός·
27 ἐν ᾧ γάρ ἐστιν, ἀντιμεθίσταται ὁ ἀὴρ καὶ τὸ ὕδωρ ἢ τὰ
28 μόρια τοῦ ὕδατος, ἀλλ' οὐκ ἐν ᾧ γίνονται τόπῳ, ὃς μέρος
29 ἐστὶ τοῦ τόπου ὃς ἐστι τόπος ὅλου τοῦ οὐρανοῦ.

Jeder wird der Klage des Philoponus beistimmen und die Stelle für so schwierig halten,
dass sie einer detaillirten Betrachtung werth ist. Und mit der Schwierigkeit pflegt ja auch
die Verderbniss des Textes zu wachsen. Was die Abschreiber nicht verstanden, copirten
sie gedankenlos und, was die Folge ist, ungenau; oder sie besserten, um es sich verständlich
zu machen, nach eigenem Kopf. Philoponus verweist uns auf die Abhandlung über das
κενόν (cap. 6—9), und dort hinwiederum deuten er und Simplicius und Themistius auf die λόγοι
vom τόπος zurück. Welche Verwandschaft besteht denn nun zwischen dem τόπος als διάστημα

---

¹) Besser zu interpungiren, was sich aus dem unten entwickelten Sinn von selbst ergibt: ἐγγίῳ. — μεταβάλλων, ὥστ' oder höchstens μεταβάλλων· ὥστ' —.

gefasst und dem κενόν? Sind es vielleicht dieselben Philosophen, welche das Eine, wie das Andere lehrten?

Das κενόν ist nach den gäng und gäben Begriffen der Leute ein διάστημα ohne wahrnehmbaren Körper (213ᵃ 27. 30. ᵇ31 sqq. u. sonst); und nennen Andere es einen τόπος ἐστερημένος σώματος, so verstehen sie unter τόπος eben διάστημα. So treffen denn die Argumente, die gegen das κενόν gerichtet werden, auch die mit, die den τόπος ähnlich fassen (214 ᵇ19 sqq.) In den ganzen 4 Capiteln daher, welche vom Leeren handeln, werden κενόν und τόπος in der Bedeutung διάστημα so gleich gestellt, dass beide zusammen stehen und fallen (214 ᵇ28 216 ᵇ8 sqq.). Und auch hier handelt es sich um dieselbe Annahme, die dort vernichtet wird: dass es kein διάστημα χωριστόν gibt, weder als Ort noch als Leeres,[1] dass das διάστημα nichts Besonderes neben dem Körper ist, dass es neben dem körperlichen διάστημα nicht noch ein eigenes, in Energie bestehendes gibt. Das bewies uns schon oben der bei Aufstellung der vier möglichen Definitionen hinzugefügte abwehrende Zusatz 211 ᵇ8: — ἢ τὰ ἔσχατα, εἰ μή ἐστι μηδὲν παρὰ τὸ τοῦ ἐγγιγνομένου σώματος μέγεθος. Was in der Abhandlung über's κενόν durch οὔτε χωριστόν οὔτε ἐνεργείᾳ ὂν ausgedrückt war, dasselbe bedeutet hier μηδέν (in der Annahme der Gegner τὶ) neben παρά. Auch bei dem κενόν findet das τὶ sich in demselben Sinne (213 ᵇ15: ἐκ τούτων δεικνύουσιν ὅτι ἔστι τι τὸ[2] κενόν); und auch vom τόπος werden hie und da stärkere Ausdrücke zur Bezeichnung der gesonderten Existenz gebraucht (cap. 8. 216, 24: τοῦτο δὲ ταὐτόν ἐστι τῷ τόν τόπον φάναι εἶναι τι κεχωρισμένον· τοῦτο δ᾽ ὅτι ἀδύνατον, εἴρηται πρότερον. Das Letzte geht auf unsere Stelle.

Der Beweis nun gegen diese demokritische Annahme eines actuellen, für sich seienden διάστημα — unseres leeren „Raumes" — ist apagogisch. Die erste Ungereimtheit liegt in den Worten: εἰ δ᾽ ἐν τι τὸ διάστημα τὸ πεφυκὸς καὶ μένον ἐν τῷ αὐτῷ τόπῳ, ἄπειροι ἂν ἦσαν τόποι — es folgt der Grund bis ἐν τῷ ἐγγαίῳ. Deutlich ist, dass der Satz mit εἰ die oben bezeichnete Voraussetzung der Lehrer des Leeren enthalten soll. Wie konnte sie aber so ausgedrückt werden? Was heisst τὸ διάστημα τὸ πεφυκός? In wiefern ist es an demselben Orte? es selbst immer an ein und demselben? oder an demselben, wie etwas Anderes?

Beantworten wir das Letzte zuerst: Hat das διάστημα unabhängige Existenz neben dem Körper, so wird die Bewegung jenes von keinem Einfluss auf die Lage dieses sein; in ewiger Trägheit wird es stille stehen, während die raumfüllende Materie hin und her treibt.[2] Würde man dagegen das διάστημα als an dem Körper selbst haftendes Attribut fassen, so ginge es mit dem beweglichen Körper mit,[3] wäre nicht ein μένον.

Was heisst nun τὸ πεφυκός? So weit ich mich der Formen πέφυκε, πεφυκώς u. A. beim Aristoteles erinnere, hießen sie den Infinitiv bei sich oder derselbe war zum ganzen Zusammenhange leicht zu gewinnen. Mit einem solchen drückten sie dann die natürliche Bestimmung eines Dinges aus, häufig im Gegensatz zu dem Mangel (στέρησις) derselben oder einer gewaltsamen Aenderung (βία). Dieser Gebrauch ist so allgemein, dass ich beinahe anstehe, Beispiele dafür zusammenzustellen. Nur einige, die augenblicklich nahe liegen! Gleich eine Reihe vorher: τὸ τυχὸν σῶμα ἐμπίπτει τῶν ἅπτεσθαι πεφυκότων. 205, 10: πέφυκε πᾶν τὸ αἰσθητὸν που εἶναι. 221 ᵇ13 ἀκίνητον τὸ ἐστερημένον κινήσεως, πεφυκὸς

---

[1] 213, 21: ὅτι οὐκ ἔστι διάστημα ἕτερον τῶν σωμάτων, οὔτε χωριστὸν οὔτε ἐνεργείᾳ ὂν (vergl. 214. 15, 30; ᵇ13; 216 ᵇ20).

[2] τὸ eingeschaltet.

[3] Them. [Sch. 375 ᵇ1]: — τὸ διάστημα τὸ μεταξὺ .... ταὐτὸ μένον ὑπολήψεται ὑπεδέχεσθαι τὰ ἀντιμεθιστάμενα σώματα.

[4] Sch. 375 ᵇ19: τὸ διάστημα ἐπίστω τῶν σωμάτων σύνοδον.

δὲ κινεῖσθαι. *Met.* Δ, 22: στέρησις ἂν μὴ ἔχῃ τι τῶν πεφυκότων ἔχεσθαι (vergl. 1055 ᵇ4). 205 ᵇ4 ἄλλο οὐδὲν περιέχειν (τὸ ἄπειρον Ἀναξαγόρας φησίν), ὡς ὅπου ἂν ᾖ ἢ πεφυκὸς ἐνταῦθα εἶναι. Das ist aber nicht wahr, εἴη γὰρ ἂν τι που βίᾳ καὶ οὐχ οὗ πέφυκεν (εἶναι). Gleich darauf: διὰ τί οὐ πέφυκε κινεῖσθαι. λεκτέον, εἴη γὰρ ἂν καὶ ὁποιοῦν ἄλλο οὐ κινούμενον, ἀλλὰ πεφυκέναι (erg.: κινεῖσθαι) οὐδὲν κωλύει. Die Erde bleibt nicht, weil es nichts gibt, wohin sie sich bewegen kann, in der Mitte, ἀλλ' ὅτι πέφυκεν οὕτως (das οὕτως vertritt den Inf. μένειν ἐπὶ τοῦ μέσου). *Phys.* Γ, 4 unter den Definitionen des ἀπείρου: τὸ ἀδύνατον διελθεῖν τῷ μὴ πεφυκέναι διιέναι oder ὃ πεφυκὸς ἔχειν μὴ ἔχει διέξοδον ἢ πέρας (στέρησις) u. s. w. u. s. w. Die Beispiele sind zahllos. Um so stutziger muss uns hier das Fehlen des Infinitivs machen.

Was sollte nun ohne ihn wohl das πεφυκός heissen? „Wenn das διάστημα etwas wäre, das von Natur bestimmt ist." — Wozu? das fehlt eben. Oder sollen wir aus dem folgenden μένον den Infinitiv μένειν zu πεφυκός ergänzen: „Wenn das διάστημα Etwas wäre das an demselben Ort zu bleiben von Natur bestimmt wäre und auch wirklich bliebe!" Jedoch schwerlich hätte Aristoteles diese Antithese so matt und verschwommen ausgedrückt, sondern klar gegliedert etwa mit τι — καὶ und sich das μένειν nicht erspart; — für die Ergänzung aus dem Folgenden wüsste ich auch kein Beispiel; also: τὸ πεφυκός τι μένειν ἐν τῷ αὐτῷ καὶ μένον. Und auch das hat seine Härte, denn Aristoteles pflegt wohl die Naturbestimmtheit der στέρησις oder der βία gegenüberzustellen, — aber der wirklichen Erfüllung derselben — deren erinnere ich mich nicht: dazu würde, irren wir nicht, die Systoichie δύναμις und ἐνέργεια verwandt werden.

Stellen wir uns einmal vor, was wir denn eigentlich erwarten. Das διάστημα bleibt an derselben Stelle wenn der Körper weggeht. Kommt nun ein anderer hinein oder kann das διάστημα leer für sich bestehen? Demokrit glaubte das Letztere: und eine solche Annahme soll eben hier bekämpft werden. Sollte dergleichen nicht in dem Satze, der die Voraussetzung noch einmal geben will, um sie *ad absurdum* zu führen, mit Fug erwartet werden? Wie würde nun Aristoteles aber diese Unabhängigkeit von körperlicher Ausfüllung, worauf der Zusammenhang hindeutet,[1] ausdrücken, wenn er sagen wollte: sie wohnt demselben von Natur bei, so dass sie, sobald sie von ihrem Inassaen befreit ist, auch leer bestehen kann? vielleicht durch πεφυκὸς χωριστὸν καὶ ἐνεργείᾳ εἶναι oder καθ' αὑτὸ πεφυκὸς εἶναι.

Zum Belege, wie passend hier καθ' αὑτὸ wäre, genüge es auf zwei Stellen hinzuweisen. 216, 23 heisst es: οἱ μὲν οὖν οἴονται τὸ κενὸν εἶναι ἀποκεκριμένον[2] καθ' αὑτό — und wir wissen, dass die vom κενόν gebrauchten Ausdrücke sich auch auf das διάστημα anwenden lassen. Theophrast sagte in seiner Physik, wie Simplicius[3] meldet; μήποτε οὐκ ἔστι καθ' αὑτὸν οὐσία τις ὁ τόπος. Gerade diese Ansicht behandelt hier Aristoteles, das οὐσία τις entspricht seinem τί. — Und auch Andere hätten gern, es stünde Aehnliches im Satze. Brandis glaubte zu folgender Paraphrase berechtigt zu sein:[4] „Wäre der Zwischenraum seiner Natur nach ein an sich Seiendes und in sich Beharrendes." Sehr schön und angemessen! und für uns insoweit werthvoll, als die Worte den geheimen Drang beurkunden aus dem Satze das zu machen, was wir schon lange im Sinne haben. Denn was Brandis hier bietet, steht doch nicht etwa im Aristoteles?

---

[1] Im Satze vorher war gesagt τὸ τυχὸν σῶμα ἐμπίπτει sofort in die Lücke, so bleibt das διάστημα nicht leer für sich. Wenn man mit εἰ δ᾽ ἦν τι τὸ διάστημα fortgefahren wird, so sollte man nach diesem Eingang vermuthen, dass die zurückgewiesene Annahme noch einmal besprochen wird.

[2] In den Handschriften ἀποκρινόμενον. Jedoch Aristoteles sagt κεχωρισμένον, ἀπολελυμένον in demselben Sinne. Vergleiche auch ἀποκεκριμένον *Met* 989 ᵇ3. — 1058 ᵇ30: ἐνεργείᾳ καὶ ἀποκεκριμένον.

[3] Sch. c. 380, 14.   [4] B. 746.   [5] Sch. c. 375 ᵇ22.

Aber im Themistius und daher hat's Brandis offenbar aufgenommen, ohne es zu sagen. Themistius fühlte die Pflicht, die Argumente des Stagiriten, so dunkel er sie auch findet, in sorgsamer Explication zu enthüllen. Er sagt in dieser lobenswerthen Auseinandersetzung:[1] εἰ, φησίν, ἦν τι διάστημα καθ' αὐτό πεφυκός εἶναι καὶ μένειν ἐν ἑαυτῷ, ἄπειροι ἂν ἦσαν οἱ τόποι. Hier haben wir Alles, was wir wünschten: Den Infinitiv εἶναι bei πεφυκός und dabei das καθ' αὐτό, was wir so passend fanden. und wodurch der Ausdruck durchaus von dem ἐν τῷ αὐτῷ μένειν geschieden wird. Endlich empfiehlt sich ἐν ἑαυτῷ, obwohl wir gegen ἐν τῷ αὐτῷ bis jetzt keine Aversion hatten. Aber nachdem einmal das Andere da ist, schlägt die Vergleichung zwischen beiden Ausdrücken doch sehr zum Vortheil dessen, was Themistius bietet, aus. Ἐν τῷ αὐτῷ findet sich in dem Abschnitt vom τόπος anders gebraucht, nämlich immer bei dem Nachweis der Ungereimtheit, dass zwei Körper an derselben Stelle sind. Die Stelle ist aber in unserer Voraussetzung gerade das διάστημα, der τόπος, und der kann doch nicht sein, sondern nur der bewegliche Körper. Die Parallelität von καθ' αὐτό und ἐν ἑαυτῷ ist auch nicht ganz ausser Anschlag zu lassen.

Offenbar ist nun das, was Themistius hat, entweder eine Lesart seiner Zeit oder die einzige. Denn für eine Paraphrase unseres Textes wird man das nicht ausgeben wollen, was einige doch keineswegs so unschuldige und glatte Aenderungen desselben: wie μένειν in μένειν, ἐν τῷ αὐτῷ in ἐν ἑαυτῷ sich erlaubt hat. Hatte aber Themistius μένειν vor sich, so verlangte das καὶ vor sich das εἶναι, was unser πεφυκός schon lange erstrebte: — und dass er auch καθ' αὐτό nicht aus sich dazu gesetzt haben kann, ist wohl nach dem Obigen unzweifelhaft. Das blosse πεφυκός konnte ihm das doch nicht heissen. Alle die Aenderungen aber, die wir aus uns vorzuschlagen erlauben, denn wir rathen völligen Anschluss an Themistius, sind auch den Buchstaben nach nicht so widerhaarig, dass man mit schwerem Herzen zu dem sich entschlösse, was den Satz allein lesbar macht.

εἰ ἦν τι τὸ διάστημα [καθ' αὐ] τὸ πεφυκός εἶναι καὶ μένειν ἐν (τῷ) [ἑ] αὐτῷ. Das Schlimmste ist καθ' αὐτό für τό. Jedoch man vergleiche schliesslich noch folgende Stelle, die das Für-sich-sein und das Bleiben des διάστημα vor der Wiederaufnahme eines neuen Körpers ganz ebenso beieinander hat, als wie es demselben an unserer Stelle nach derselben Annahme beilegen wollen. 214 [b] 24 fragt Aristoteles: wie denn der in den Ort oder in das Leere hineingelegte Körper darin sein wird? οὐ γὰρ συμβαίνει, ὅταν ὅλον τεθῇ ὡς ἐν κεχωρισμένῳ τόπῳ καὶ ὑπομένοντι σώματι κ. τ. λ. Das κεχωρισμένῳ entspricht dem καθ' αὐτό εἶναι, das ὑπομένοντι dem ἐν ἑαυτῷ μένειν. —

Bei dieser Voraussetzung eines von Natur für sich bestehenden und in sich bleibenden διάστημα muss die Zahl der Orte unendlich sein. — „Denn wenn das Wasser und die Luft von der Stelle geben, werden alle Theile im Ganzen dasselbe thun, was das ganze Wasser im Gefäss." — Diese Begründung scheint auch durch die Conjectur in dem vorhergehenden Satze nicht an Helligkeit gewonnen zu haben.

Jedoch es wird sich bald eine befriedigende Klarheit und Uebereinstimmung entwickeln. Dass zunächst, um die Existenz von (hier unendlich vielen) Oertern zu erweisen, die Bewegung herangezogen wird, kann bei der Grundansicht des Aristoteles, der die Existenz des Orts überhaupt allein aus der ἀντιμετάστασις; und φορά ableitete, nicht auffallen.

Woher aber die unendlich vielen Oerter? Aristoteles macht den τόπος, wie bekannt, zur Gränze des umschliessenden, berührenden (vgl. F, 3) Körpers. Sobald das Umgebende nicht bloss berührt, sondern in Continuität mit dem Eingeschlossenen steht, so dass beide ein συνεχές, ἔν τι bilden, ist das Eine in dem Anderen nicht wie in einem Ort: — denn das ist eben nur bei den ἀπηρμένα, die sich berühren, der Fall. Die Theile des συνεχές aber haben keinen Ort, sondern sind in dem Umgebenden ὡς ἐν ὅλῳ. 212 ᵇ3 sqq.: ὅταν μὲν συνεχὲς ᾖ τὸ ὁμοιομερές, κατὰ δύναμιν ἐν τόπῳ τὰ μέρη, ὅταν δὲ χωρισθῇ μέν, ἅπτηται δ᾽ ὥσπερ σωρός, κατ᾽ ἐνέργειαν. Man merkt, worauf diese Lehre hinaus will. Es soll damit dem τόπος eine dynamische Bedeutung gegeben werden, er soll es sein, der das Continuum zu einem Ganzen zusammenhält, der die diskreten Körper sondert. Wenn man von Einem zum Andern will, muss man über diese Scheidewand.

Nach diesen Intentionen ist es klar, dass Aristoteles überall, wo der τόπος nicht so gefasst wird, sondern wie hier als Ausdehnung, auch das Continuum nun nicht mehr als Einheit sich denken kann; denn was hielte es zusammen? Bewegt sich daher ein solcher Körper, so wird nach seiner Anschauung sich jedes der unendlichen Theilchen getrennt für sich bewegen, — also auch für sich einen Ort haben, denn, wenn auch nicht πᾶν τὸ ὄν ἐν τόπῳ, ἀλλὰ τὸ κινητόν σῶμα[1]) und πᾶν σῶμα κινητόν καθ᾽ αὑτό που[2]) und ἐφ᾽ ᾧ κινεῖται, ταύτῃ καὶ τόπος ἐστὶ τοῖς μορίοις[3]). Während also die Theile früher nur potentiell an einem Ort waren, sind sie jetzt, wo sie sich für sich bewegen, auch selbstständig und actuell an einem Ort, jeder hat sein eignes διάστημα. Und da der ausgedehnte Körper unendlich theilbar ist, so gibt es auch unendlich viele τόποι in demselben Gegenstand.[4])

Ἅμα δὲ καὶ ὁ τόπος ἔσται μεταβάλλων, das ist eine zweite Ungereimtheit, denn βούλεται ἀκίνητος εἶναι ὁ τόπος,[5]) wie Aristoteles an einer andern Stelle sagt. Inwiefern bewegt sich aber der τόπος bei der falschen Ansicht? — Hier muss bemerkt werden, dass zwar auch jetzt noch das διάστημα, wie später das Leere, das grosse, zur Aufnahme der Körper bereite Gefäss bleibt, — in diesem Sinne heisst's noch c. 8: derselbe λόγος, der eben gegen das Leere vorgebracht ist, gilt auch gegen die, welche glauben, der Ort sei κεχωρισμένον τι, εἰς ὅ φέρεται — daneben wird aber auch gleich die Ausdehnung des Körpers selbst, die freilich, quatenus Ausdehnung, dasselbe Recht hat, wie Aristoteles öfter ausführt, vermeintlich im Sinne der Gegner, zum τόπος gemacht. Das ist freilich eine kleine Erschleichung, welche die Polemik erleichtert, aber nicht völlig gerecht lässt.[6]) Haftet das διάστημα auch am Körper, so μεταβάλλει ἅμα τῷ πράγματι καὶ κινεῖται, wie es cap. 2 von ὕλη und εἶδος heisst, die auch am Körper haften.

Ὥστ᾽ ἔσται τοῦ τόπου τ᾽ ἄλλος τόπος — eben wenn das κενόν und das körperliche, mitreisende διάστημα τόποι sind — καὶ πολλοὶ τόποι ἅμα ἔσονται. Denn können 2 zusammen sein, warum nicht mehr? — Das hier kurz Angedeutete führt Aristoteles 212, 26 sqq. durch folgendes Beispiel aus: Legt man einen Würfel wo hin, so wird der dort befindliche Körper, falls er nicht so viel zusammengedrückt wird, um die Ausdehnung des Würfels auszuweichen. Das kann doch nun das Leere, das gar keine Masse hat, nicht: also wird τὸ ἴσον διάστημα, ὅπερ ἦν καὶ πρότερον ἐν τῷ κενῷ, durch den ganzen Würfel hindurchgehen. Nun hat der Würfel aber schon dasselbe μέγεθος, wie das κενόν, das er einnimmt; dies ist zwar nicht χωριστόν — „also," würden wir hinzusetzen, falls wir uns dafür

---

1) 212 ᵇ29. 2) l. 8. 3) l. 10.

4) Theos. si διάστημα ὁ τόπος, οὐδὲν ἄτοπον καὶ τῶν μορίων ἕκαστον ἐν τόπῳ εἶναι καθ᾽ αὑτό — was nicht der Fall ist, wenn der τόπος das συνεχές umschliesst. (Man beachte die Bestätigung des obigen καθ᾽ αὑτό, die in dem καὶ καθ᾽ αὑτό dieser Stelle liegt.)

5) Welchen Satz Theophrast u. Eudem zu den oben mitgetheilten sechs Axiomen als siebentes hinzufügten.

6) Bestand schon in dem Satze εἰ δ᾽ ἔν τι — diese Voraussetzung, dass sich die demokritische Lehre auch so wenden lasse, so ist ersichtlich, dass dann erst recht ἐν τῷ αὐτῷ nicht am Platze war.

interessirten, dass dem Demokrit, ohne dass er sich wehren kann, Gewalt angethan wird, „also auch nicht τόπος" — doch von allen andern παθήματα des Körpers τῷ εἶναι verschieden. So wird der Würfel nun das gleich grosse Leere innehaben καὶ ἐν τῷ αὐτῷ ἔσται τῇ τοῦ τόπου καὶ τῇ τοῦ κενοῦ μόρα ἴσῃ αὐτῷ. Was ist also für ein Unterschied zwischen dem μέγεθος oder ὄγκος des Würfels und dem gleichen κενόν oder τόπος?[1] καὶ εἰ δύο τοιαῦτα, διὰ τί οὐ καὶ ὁποσαοῦν ἐν τῷ αὐτῷ ἔσται; So ist belegt, sowohl, wie das μέγεθος des Körpers selbst τόπος genannt werden kann — 216 b 14 unterscheidet es sich schon gar nicht mehr vom τόπος[2] — als auch, wie der τόπος sich bewegt, als auch, wie 2 Oerter an demselben Platze sind und wie auch viele an demselben sein können: sobald man die Demokritische Ansicht voraussetzt.

Gegen die vorigen Ungereimtheiten stellt Aristoteles noch seine Ansicht, dass der Theil bei der Bewegung[3] denselben Ort hat, wie das Ganze, und keinen selbständigen; denn alle Theile sind in dieselbe Grenze eingeschlossen. Die Theile sind, wie das Ganze, oben oder unten.[4] — Wenn man dagegen Selbstständigkeit der Theile und gesonderte Oerter für jeden statuirt und wenn der Ort das leere διάστημα ist, in das sich der Körper hineinbewegt, so muss, wenn das Ganze wohin geht, jeder Theil extra unter Dach und Fach gebracht werden, τὸ γὰρ μέρος, ἂν μὴ χωρὶς τιθῆται, οὐκ ἔσται ἐν τόπῳ ἀλλ' ἐν ὅλῳ.[5] Das Letztere ist es eben nach Aristoteles, weshalb die allerdings etwas mühsame Einsetzung jedes der unendlichen Theile bei ihm nicht nöthig ist.

In Betreff des folgenden Satzes könnte ich nicht sagen, dass die unten vorzutragende Erklärung mich selbst völlig befriedigte.

οὐκ ἔστι δὲ ἄλλος τόπος ὁ τοῦ μορίου, ἐν ᾧ κινεῖται, ὅταν ὅλον τὸ ἀγγεῖον μεθίστηται, ἀλλ' ὁ αὐτός. ἐν ᾧ γάρ ἐστιν, ἀντιμεθίσταται ὁ ἀὴρ καὶ τὸ ὕδωρ ἢ τὰ μόρια τοῦ ὕδατος, ἀλλ' οὐκ ἐν ᾧ γίνονται τόπῳ, ὃς μέρος ἐστὶ τοῦ τόπου ὃς ἐστι τόπος ὅλου τοῦ οὐρανοῦ. Prantl[6] denkt bei ἐν ᾧ γίνονται τόπῳ an den Ort des ersten Entstehens, wo Alles noch so sehr in chaotischem Wirrwarr durcheinandertreibt, dass es keine concreten Totalitäten gibt. Das sind Phantasien, auf die Nichts im ganzen Zusammenhang hindeutet! Das γίνονται steht offenbar dem vorhergehenden ἔστιν entgegen, und γίνεσθαι ἐν heisst an einen Ort gelangen. Bei Brandis steht die Stelle in der Note abgedruckt, sie ist aber in der Paraphrase des Textes nicht umschrieben — also dem eignen Nachdenken überlassen.

Sicher ist wohl, dass Aristoteles hier seine eigne Anschauung über den Raum den eben besprochenen Aporien als befriedigende Lösung entgegenhalten will.

Vorher wurde der Annahme eines für sich seienden διάστημα entgegengesetzt, dass dann der Ort sich verändert, immer das neue κενόν ist, in das der Körper wie in ein zu seiner Aufnahme dastehendes Gefäss hineingeht. Dem scheint hier gegenüburgestellt zu werden der Satz: οὐκ ἔστι δὲ ἄλλος τόπος ὁ τοῦ μορίου, ἐν ᾧ κινεῖται, ὅταν ὅλον τὸ ἀγγεῖον μεθίστηται, ἀλλ' ὁ αὐτός. — Ist der Ort διάστημα, so kommt der sich bewegende Körper immer in einen andern Ort. Ist er aber die Grenze des umschliessenden Körpers, so wechselt z. B. der Ort des sich in einem Gefäss bewegenden Wassers nicht: denn der bleibt

---

[1] Aus der vorausgesetzten Identität stammt das anfängliche Qui pro quo.

[2] "Ort" ist τοῦ τόπου (so für die Lesart der Bekker'schen Ausgabe: τοῦτό του, was nur ein Druckfehler ist, wie Torstrick aus der authentica erwiesen hat) μηδὲν διαφέρει, εἰ δεῖ καὶ τ... τόπον τοῖς σώμασι παρὰ τὸ ἴδιον ὄγκον;

[3] Aus der Bewegung aber wird überhaupt auf den Ort geschlossen; u. s.

[4] Γ. δ; 208, 10 ἔστι τόπος τις ἑκάστου καὶ ὁ αὐτός τοῦ μορίου καὶ παντός, οἷον ὅλης τε τῆς γῆς καὶ βῶλου μιᾶς καὶ πυρὸς καὶ σπινθῆρος.

[5] 214 b 23.   [6] Anm. 11 zum 4. Buche.

hier wie dort die innere Fläche des Gefässes. — Das Gefäss ist hier μόριον genannt. Um das verständlich zu machen, ist an die Betrachtungen des dritten Capitels zu erinnern, κοσαχῶς ἄλλο ἐν ἄλλῳ λέγεται. Dort heisst es 210, 27: ὅταν ἡ μόρια τοῦ ὅλου τό ἐν ᾧ καὶ τὸ ἐν τούτῳ, λεχθήσεται τὸ ὅλον ἐν ἑαυτῷ, denn das Ganze wird auch manchmal nach den Theilen bezeichnet; ὁ μὲν οὖν ἀμφορεὺς οὐκ ἔσται ἐν ἑαυτῷ, οὐδ᾽ ὁ οἶνος, ὁ δὲ τοῦ οἶνου ἀμφορεὺς ἔσται· ὅ τε γὰρ καὶ ἐν ᾧ[¹] ἀμφότερα τοῦ αὐτοῦ μόρια. Also auf das Beispiel angewandt: Krug und Wein sind Theile des weingefüllten Kruge; Wasser und Wasserglas Theile ὅλου τοῦ ἀγγείου, wie es an unserer Stelle ausgedrückt ist. Also weil die das Wasser umschliessende Fläche des Gefässes auch bei der Bewegung dieselbe bleibt, ist der Ort des Wassers und der Luft immer derselbe[²].

„Denn in welchem Ort Wasser und Luft und ihre Theile sind, wechseln sie die Stelle, nicht wo sie hin gelangen." Zunächst beobachte man wieder die enge Verbindung zwischen τόπος und ἀντιμετάστασις, an welche, um unmotivirte Anstösse zu vermeiden, nicht zu oft erinnert werden kann. Würde der Ortwechsel nun an dem zukünftigen Platz und nicht innerhalb der bis dahin eingenommenen Einschliessung Statt haben, so könnte man vielleicht auf die Erklärung des τόπος als eines leeren, auf einkehrende Körper harrenden διάστημα verfallen; aber der Körper tauscht mit andern seine Stelle innerhalb derselben Grenzen[³].

Der Ort wohin die Körper gelangen, ist vielmehr nur ein Theil des Ganzen, also nicht, wie es Cap. 2. im Anfang heisst, ὁ ἴδιος, ἐν ᾧ πρώτῳ, sondern er ist dort nur οἷον τὸ ἐν τῷ οὐρανῷ, ὅτι ἐν τῷ ἀέρι καὶ ἐν τῷ ἀέρι δὲ ὅτι ἐν τῇ γῇ, ὁμοίως δὲ καὶ ἐν ταύτῃ, ὅτι ἐν τῷδε τῷ τόπῳ, ὃς περιέχει οὐδὲν πλέον ἢ σέ[⁴]. Die spätere Stelle, wohin der bewegte Körper gelangt, ist also bis dahin nur ein Theil des ganzen Raumes, welcher das All einschliesst.

Cap. 7.

Zu Anfang heisst's folgendermaassen: Die Einen sagen: das Leere ist; die Andern: es ist nicht. Um das zu entscheiden, muss man auf die Wortbedeutung zurückgehen: δοκεῖ δή τὸ κενὸν τόπος εἶναι ἐν ᾧ μηδὲν ἐστιν. τούτου δ᾽ αἴτιον ὅτι τὸ ὂν σῶμα οἴονται εἶναι, πᾶν δὲ σῶμα ἐν τόπῳ, κενὸν δ᾽ἐν ᾧ τόπῳ μηδέν ἐστι σῶμα, ὥστ᾽ εἴ που μή ἐστι σῶμα, κενὸν εἶναι ἐνταῦθα.

Der Grund also, wesshalb das Leere ein Ort ist, in dem Nichts ist, ist der: Man glaubt das Seiende (Gegensatz von μηδέν) sei ein Körper, jeder Körper ist an einem Ort, leer aber ist's, wo kein Körper ist, so dass wenn irgendwo nicht ein Körper ist, es dort leer ist. Welches Geredel

---

[¹] Bekker setzt hier ein sinnverwirrendes Komma.

[²] Bedenken hat diese Erklärung nur deswegen, soviel ich sehe, weil darnach in den Worten: τόπος ὁ τοῦ μορίου dem Gefäss selbst der Ort zugeschrieben wird, der eigentlich dem Wasser zukommt.

[³] Ein Einwand liegt hier zu nahe, als dass ich ihn zu Gunsten meiner Deutung verschweigen dürfte: Wie aber? Geht denn immer der einschliessende Körper in derselben Weise mit, wie das Gefäss in welchem das Wasser ist? Dann dürfte ja innerhalb des Alls sich nichts bewegen, denn irgendwo müsste sonst der Zusammenhang mit der Hülle gelöst werden. Vielleicht liesse sich dieser Einwand dadurch beseitigen, dass die ἐπιφάνειαι, ἔσχατα, — wenn sie auch bei der Bewegung des Körpers wechselnden Nachbarn angehören, doch als solche immer dieselben bleiben. Auch andere Bedenken steigern von allen Seiten herauf und machen es zweifelhaft, ob hier mit Sicherheit eine Aristotelische Lehre vorgetragen wird. Möglich wäre aber auch, dass ich augenblicklich Einwände, die von den uns gewohnten Anschauungen aus gegen die ganze Aristotelische Ansicht und ihre Consequenzen sich erheben, zu scrupulös für eben so viel Bedenken gegen die Richtigkeit der Interpretation hielte.

[⁴] 209, 33.

Die Stelle scheint an zwei Gebrechen zu laboriren: Erstens sagt sie dasselbe zweimal und doch soll das Eine eine Folgerung aus dem Andern sein: κενὸν ἐν ᾧ τόπῳ μηδέν ἐστι σῶμα, ὥστ' εἰ που μή ἐστι σῶμα κενόν εἶναι ἐνταῦθα: Wo kein Körper ist, da ist's leer; wenn daher wo kein Körper ist, so ist's da leer! — Zweitens: Inwiefern ist das eine Begründung der Behauptung, dass es da leer ist, wo Nichts ist. Cod. E. gibt mit zwei andern οὐδὲν εἶναι ἐνταῦθα, wenn wir dies, oder falls wir um der Abhängigkeit des Gedankens willen daran Austoss nehmen, μηδέν setzen, sind beide Gebrechen auf einmal geheilt; man sehe!

Leer ist's, wo kein Körper ist; — nun ist alles Seiende aber körperlich, ohne Körper also kein Sein — folglich: wenn wo kein Körper ist, so ist dort Nichts. Die Lesart des Cod. E. bestätigt Simplicius: ἐπειδή πᾶν τὸ ὂν σῶμα λέγουσιν — δηλονότι τὸ μή σῶμα ὂν οὐδὲν εἶναί φασιν. ταὐτὸν οὖν ἐστιν εἰπεῖν, ἐν ᾧ μηδέν ἐστι σῶμα, καὶ ἐν ᾧ μηδέν ἐστιν.

Cap. 8.

Unter den ἐπιχειρήματα gegen die Annahme eines unendlichen Leeren bemerkt Aristoteles 216 ᵃ22 Folgendes: ἔτι νῦν μὲν εἰς τὸ κενὸν διὰ τὸ ὑπείκειν φέρεσθαι δοκεῖ· ἐν δὲ τῷ κενῷ πάντῃ ὁμοίως τὸ τοιοῦτον, ὥστε πάντῃ οἰσθήσεται. Prantl nahm Anstoss, dass Aristoteles hier selbst ein Leeres zu statuiren scheine und änderte κενόν in μενόν. Das verwirrt aber das Ganze. Denn wie will man den Einwand aus der Conjectur erklären? Im Leeren ist überallhin in gleicher Weise ein solches! Was denn? Lockeres? Ich denke: Nichts, Leeres, μηδέν, κενόν.

Man könnte auch noch Alexander gegen die Conjectur in den Streit führen: Nach Simplicius bemerkte er, dass die Worte sich auch gegen die Stoiker gebrauchen liessen, welche, wie die Pythagoreer ausserhalb der Welt ein dieselbe umschliessendes Leeres annehmen. „Warum bleibt denn Welt, wo sie ist?" fragt er — das kann er aber doch bloss, — wenn Alles in's Leere zu gehen scheint und nicht in's Weiche.[1]

„Ferner", fährt Aristoteles fort, „ist das Gesagte" — nämlich: dass denen, welche die Bewegung allein bei Annahme eines κενόν erklären zu können glauben, das Gegentheil ihrer Absichten sich ergibt: dass es dann gar keine Bewegung gibt — „auch aus Folgendem klar". Das zunächst Folgende ist mir nun nicht klar:

ὁρῶμεν γὰρ τὸ αὐτὸ βάρος καὶ σῶμα θᾶττον φερόμενον[2]) διὰ δύο αἰτίας, ἢ τῷ διαφέρειν τὸ δι' οὗ, οἷον δι' ὕδατος ἢ γῆς ἢ ἀέρος, ἢ τῷ διαφέρειν τὸ φερόμενον, ἐὰν τἄλλα ταὐτὰ ὑπάρχῃ, διὰ τὴν ὑπεροχὴν τοῦ βάρους ἢ τῆς κυφότητος.

Das Bewegte (τὸ φερόμενον), in dessen Schwere oder Leichtigkeit das zweite Mal der Unterschied liegen soll, ist doch der Körper selbst, dessen verschiedene Geschwindigkeit nachgewiesen werden soll? Wie kann nun gesagt werden: Es bewegt sich ein und dieselbe Schwere auch dann schneller, wenn dieses Bewegte verschieden ist an Schwere oder Leichtigkeit. Gibt's ein offenbareres Nonsens?

Lösung der unangenehmen Aporie bringt vielleicht die Stelle, wo Aristoteles diesen zweiten Punkt ausführlicher bespricht, 216ᵃ 11 sqq.

.... κατὰ τὴν τῶν φερομένων ὑπεροχὴν τάδε (συμβαίνει)· ὁρῶμεν γὰρ τὰ μείζω ῥοπὴν

---

[1] Vergl. auch Cod. Pal. 287, worauf ich des engen Raumes wegen hier nicht weiter eingehen kann. Offenbar falsch fasst die Stelle Brandis.

[2] Δ, 14; 229ᵃ 24: λέγω δὲ θᾶττον κινεῖσθαι τὸ πρότερον μεταβάλλον εἰς τὸ ὑποκείμενον κατὰ τὸ αὐτὸ διάστημα καὶ ὁμαλῶς κίνησιν κινούμενον (d. h. beide in Kreisbewegung oder beide gerade).

ἔχοντα ἢ βάρους ἢ κουφότητος[1]), ἐὰν τἆλλα ὁμοίως ἔχῃ τοῖς σχήμασι, θᾶττον φερόμενα τὸ ἴσον χωρίον καὶ κατὰ λόγον ὃν ἔχουσι τὰ μεγέθη πρὸς ἄλληλα. Wie also bei der ersten Verschiedenheit die Zahl, welche das Verhältniss des verschiedenen Widerstands der beiden Media ausdrückte, zugleich der Exponent des Verhältnisses der Zeiten ist — so ist hier die Schnelligkeit des einen Körpers um soviel grösser, als sich das eine μέγεθος und seine ῥοπή zu dem andern verhält.

Die Stelle macht es ganz klar, dass wirklich das zweite Mal ein Wechsel des bewegten Körpers vorausgesetzt wird, dass er also nicht constant und identisch bleibt, wie es der Satzanfang unserer obigen Stelle aussprach. Es können demselben Körper nicht beide Möglichkeiten, wie verschiedene Schnelligkeit entsteht, zukommen; es ist also unmöglich, dass die Worte ὁρῶμεν γάρ τὸ αὐτὸ βάρος καὶ σῶμα θᾶττον φερόμενον διὰ δύο αἰτίας richtig sind.

Folgende Aenderung möchte vielleicht auf ansprechende Weise den Satz in's Schick bringen:

ὁρῶμεν γάρ τι θᾶττον φερόμενον διὰ δύο αἰτίας, ἤ, εἰ τὸ αὐτὸ βάρος καὶ σῶμα, τῷ διαφέρειν τὸ δι' οὗ, οἷον[2]) —, ἢ τῷ διαφέρειν τὸ φερόμενον, ἐὰν τἆλλα ταὐτὰ ὑπάρχῃ, διὰ τὴν ὑπεροχὴν τοῦ βάρους ἢ τῆς κουφότητος. — Im Wesentlichen ist diese Aenderung nur eine Verstellung der Worte; Das τι nach γάρ liess zu τό abirren, ei nach ἢ fiel leicht aus. Die Umstellung befreit von dem unmöglichen τὸ αὐτὸ βάρος an falscher Stelle und gibt die Parallelität zwischen beiden Fällen, auf welche Alles hinweist, in wünschenswerther Klarheit und Corresponsion.

Nur gegen σῶμα hin ich noch etwas misstrauisch. Erstens ist es nach βάρος, was viel bestimmter den Punkt, auf welchen es hier allein ankommt, angibt, doch etwas überflüssig. Zweitens erweckt es Verdacht, dass nachher bei der ausgeführten Besprechung des zweiten Falls immer das σχῆμα als gleich vorausgesetzt wird, z. B. ἐὰν τἆλλα ὁμοίως ἔχῃ τοῖς σχήμασι (216, 14).

In diesen Worten ist freilich auch wahrscheinlich der Text nicht richtig. Sollen wir mit Prantl übersetzen: Wenn alles Uebrige den Formen nach sich gleich verhält? „Alles Uebrige den Formen nach", was ist das? Eins von beiden wird wohl weichen müssen; ist τἆλλα richtig, ist es Subject des Satzes, ist τοῖς σχήμασι richtig, ist τὰ μεῖζω ῥοπὴν ἔχοντα aus dem Vorigen Subject.

Was sollte nun hier „das Uebrige" sein, wo gleich noch besonders gesagt wird, das τὸ χωρίον ἴσον ist (θᾶττον φερόμενα τὸ ἴσον χωρίον) — da blieben ja nur die σχήματα übrig, worauf nachher gleich wieder Rücksicht genommen wird (l. 19): ἢ γὰρ σχήματι διαιρεῖ ἢ ῥοπῇ ἣν ἔχει τὸ φερόμενον. Denn dreierlei, scheint's, kommt in unserem Zusammenhang bei dem φέρεσθαι überhaupt nur in Betracht: 1) das χωρίον, 2) das σχῆμα, 3) die ἰσχύς oder ῥοπή, das βάρος des φερόμενον.

Befremdlich wäre es nun, hätte Aristoteles den blossen Unterschied im σχῆμα mit τἆλλα bezeichnet — wenn auch nicht absolut undenkbar.[3]) — Da aber τἆλλα neben τοῖς σχήμασι

---

[1]) Die Begriffe sind absolut zu fassen; denn βάρος kommt das φέρεσθαι κάτω, der κουφότης das φέρεσθαι ἄνω zu. Beim Wachsen des βάρος geht der Körper schneller nach unten, im andern Fall nach oben; denn βάρος und κουφότης sind die Triebkraft nach unten und oben.

[2]) Philoponus scheint die Worte des Beispiels in anderer Reihenfolge gelesen zu haben. Er sagt: Aristoteles nahm die Erde zur als Beispiel, nicht als ob wirklich durch sie Bewegung Statt hätte, ἔδει ἐπὶ σαφέστερα παραδείγματα καραβαίνειν τὸν ἀέρα λαμβάνει καὶ τὸ ὕδωρ, also vielleicht: οἷον ἐπὶ τῆς ἢ ὕδατος ἢ ἀέρος, was eine Abstufung vom κοινὸν zum λεπτόν darstellte.

[3]) Man erinnere sich oben an ἐπὶ πάντων. Vielleicht hat er auch hier an die später als gleiche Bedingung mit aufgestellte ὁμαλὴ κίνησις gedacht.

nicht bestehen kann, da vom σχῆμα aber auch nachher im Unterschied von der ῥοπή gesprochen wird, da endlich die Aehnlichkeit dieses Satzes mit der früheren Bemerkung: ἐὰν τἆλλα ταῦτὰ ὑπάρχῃ sehr leicht zur Einschaltung des τἆλλα vorführte, möchte ich dies Wort an der zweiten Stelle streichen. Also: dasjenige, was grössere Kraft der Bewegung nach unten hat, bewegt sich bei gleicher Gestalt in demselben Grade schneller durch den gleichen Raum, wie sich die Grössen, die Schweren, die ῥοπαί zu einander verhalten. Das wird dann bewiesen durch die Bemerkung, dass schneller etwas getheilt wird — worauf es ja bei der Bewegung durch Materie ankommt — entweder durch die Gestalt oder durch die Wucht des bewegten Körpers.

Entweder also werden Gestalt und ῥοπή des Körpers selbst gleich sein — und die Materie verschieden; oder letztere gleich, und der Unterschied liegt im Körper. Würden diese beiden Fälle gleich vom Anfang an so gefasst, dürfte zu lesen sein: ὁρῶμεν γάρ τι (oder vielleicht σῶμα) θᾶττον φερόμενον διὰ δύο αἰτίας· ἤ, εἰ τὸ αὐτὸ βάρος καὶ σχῆμα, τῷ διαφέρειν τὸ δι᾽ οὗ οἷον δι᾽ γῆς ἢ ὕδατος ἢ ἀέρος, ἢ τῷ διαφέρειν τὸ φερόμενον, ἐὰν τἆλλα (τὸ δι᾽ οὗ, τὸ σχῆμα, und vielleicht die ὁμαλὴ κίνησις) ταὐτὰ ὑπάρχῃ, διὰ τὴν ὑπεροχὴν τοῦ βάρους ἢ τῆς κουφότητος.

Cap. 12.

290ᵇ 29. Es wird in dem Abschnitt auseinander gesetzt, dass Raumgrösse, Bewegung und Zeit sich gegenseitig messen. Es heisst dann 29: πολλὴν γὰρ εἶναί φαμεν τὴν ὁδόν, ἐὰν ἢ ἡ πορεία πολλή, καὶ ταύτην πολλήν, ἐὰν ἡ ὁδὸς ἢ πολλή. Bekker notirt zu dem ersten ἢ: om. EFGH || ἢ om. J; d. h. alle Codd. haben nur eins von beiden, entweder ἢ oder ἡ, also, sollte man meinen, folge eher, dass das eine falsch ist, als dass beide richtig sind. Nun muss es aber neben τὴν ὁδὸν doch wohl ἡ πορεία erwartet werden.

Dasselbe lehrt die Vergleichung mit den folgenden Parallelsätzen: καὶ τὸν χρόνον, ἐὰν ἡ κίνησις, καὶ τὴν κίνησιν, ἐὰν ὁ χρόνος. Auch hier fehlt ἢ, und der Artikel steht an entsprechender Stelle. Auch Themistius bietet nichts Anderes: πολλὴν γάρ φαμεν τὴν ὁδόν, ἐὰν ἡ πορεία πολλή, καὶ πολλήν τὴν πορείαν, ἐὰν ἡ ὁδὸς πολλή. — Also Cod. E. hat wieder das Richtige. Dann muss auch der Parallelität wegen und auf Grund der Worte des Themistius das zweite ἢ gestrichen werden: — wenn es überhaupt wirklich in den Codd. steht, die es das erste Mal woglassen?

Noch eine Kleinigkeit schliesse ich daran an. 221 ᵇ3 ist auf Grund der Scholien zu ändern. — Es ist auseinander gesetzt, dass alles in der Zeit Seiende von der Zeit umfasst wird, wie das Räumliche vom Aristotelischen Ort.

221ᵇ 7 heisst's: ἐπεὶ δ᾽ ἐστὶν ὁ χρόνος μέτρον κινήσεως, ἔσται καὶ ἠρεμίας μέτρον κατὰ συμβεβηκός. Bekker notirt: κατὰ συμβεβηκὸς om. E.

Es muss bei der Achtbarkeit der Handschrift untersucht werden, ob der Text ohne die Worte vielleicht richtig ist, und weshalb man etwa veranlasst war, sie einzuschalten; denn aus blosser Nachlässigkeit ohne Absicht scheint sich die Einschiebung nicht zu erklären.

Themistius bemerkt: ἐπειδὴ δὲ[1]) ἐστιν ὁ χρόνος μέτρον κινήσεως, ἔσται καὶ ἠρεμίας μέτρον, und fügt als Grund hinzu: στέρησις γὰρ ἡ ἠρεμία κινήσεως, τοῖς δὲ αὐτοῖς κρίνομεν τὰς τε ἕξεις καὶ τὰς στερήσεις.

Also Themistius, und wir haben Grund an seiner Treue nicht zu zweifeln, lässt κατὰ

---

1) „ – δὲ δέ,“ möglich dass der Text auch beide Sillben neben einander hatte, und dass sie erst später in eine verschmolzen sind.

συμβεβηκός fort und erklärt die Stelle ohne diese Worte zur völligen Befriedigung. Aber auch Aristoteles selbst spricht gegen den Zusatz. So heisst's ᵇ16: μετρήσει ὁ χρόνος τὸ κινούμενον καὶ τὸ ἠρεμοῦν, ἢ τὸ μὲν κινούμενον, τὸ δὲ ἠρεμοῦν, also das Ruhende als Solches, nicht *per accidens*. Τὴν γὰρ κίνησιν αὐτῶν μετρήσει καὶ τὴν ἠρεμίαν, πόση τις — die Grösse kommt nun doch der ἠρεμία ebensowenig erst κ. σ. κο, wie der κίνησις — ὥσθ᾽ ὅσα μήτε κινεῖται, μήτ᾽ ἠρεμεῖ, οὐκ ἔστιν ἐν χρόνῳ (*l*. 20). Also wieder vollständige Parallelität, gleiche Werthschätzung. Ὁ δὲ χρόνος κινήσεως καὶ ἠρεμίας μέτρον (*l*. 23). Hierzu bemerkt Simplicius: ᾧ δεῖ προσυπακοῦσαι τὸ „μόνον", ὡς ἤδη δεδειγμένον, nämlich *l*. 20. Also: allein der Bewegung und der Ruhe Maass ist die Zeit; — das kann hei der durchgeführten Parität der Stellung doch nur heissen, beider in gleicher Weise ἀπλῶς, καθ᾽ αὐτό.

Nun wird man sich aber wieder an dem Folgenden stossen: Aristoteles behandelt von 221 ᵇ23 an die Frage, ob das μὴ ὂν in der Zeit ist: Was nothwendig nicht ist, ist nicht in der Zeit; *l*. 25: ὅλως γάρ, εἰ μέτρον μέν ἐστι κινήσεως ὁ χρόνος, τῶν δ᾽ ἄλλων κατὰ συμβεβηκός, δῆλον ὅτι, ὧν τὸ εἶναι μετρεῖ, τούτοις ἅπασιν ἔσται τὸ εἶναι ἐν τῷ ἠρεμεῖν ἢ κινεῖσθαι — Da steht ja, könnte ein Freund des Bekker'schen Textes sagen, deutlich, dass die Zeit καθ᾽ αὐτό nur das Maass der Bewegung ist, von allem Uebrigen aber, — also auch von der Ruhe! — nur κατὰ συμβεβηκός. Wie darf man nun neben dieser Stelle, in welcher bestimmt und scharf der Gegensatz herausgekehrt wird, den Sätzen, die von diesem Gegensatz gar nicht reden wollen, ein solches Gewicht beilegen, dass man, auf ihnen fussend, den Zusatz, der ganz dasselbe will, was hier so fest betont wird, am Anfang streicht: blos weil eine Handschrift die Worte auslässt.

Inzwischen verhält sich die Sache doch ein wenig anders. Erstens ist diese Handschrift die älteste, sorgfältigste, zweitens sahen wir, dass auch Themistius nichts von den Worten weiss. Drittens bemerkt Philoponus: ἰστέον ὅτι τὰ πολλὰ τῶν βιβλίων οὐκ ἔχει τὸ κατὰ συμβεβηκός, ἀλλ᾽ οὐδὲ ὁ Ἀλέξανδρος αὐτοῦ μέμνηται. Also im Anfang des 7ten Jahrhunderts hatten die meisten Codd. den Zusatz nicht, Alexander scheint ihn noch gar nicht gekannt zu haben. Und fragt man, was Simplicius hat, so berücksichtige man dessen Anmerkung zu 223ᵃ 18.¹⁾ „In der Erklärung dieser Stelle führte Alexander als Beispiel für κίνησις κατὰ δύναμιν das Ruhende an. Daraus würde folgen, dass ἐν τῷ ἠρεμοῦντι auch der χρόνος δυνάμει wäre: καίτοι οὐ μόνον τὰ κινούμενα ἀλλὰ καὶ τὰ ἠρεμοῦντα ἐν χρόνῳ εἶναι ῥηέτω κατ᾽ ἐνέργειαν." Auch Simplicius also weiss nur von völliger Gleichstellung von Ruhe und Bewegung; denn sicher hätte er doch hier, wenn ihm das aus Aristoteles bekannt war, sagen müssen, der Ruhe komme die Zeit nur κ. σ. κω. Anstatt dessen betont er so recht das κατ᾽ ἐνέργειαν, auf dessen Verwandschaft mit dem καθ᾽ αὐτό schon oben bei Betrachtung der Kritik des διάστημα hingewiesen wurde. Viertens: wenn die vorher angeführten Stellen sagten: nur von Bewegung und Ruhe ist die Zeit Zahl, so sind also im Sinne des Einwands, wenn die Zeit allein die Bewegung καθ᾽ αὐτό misst, in diesen Stellen wesentliche und accidentielle Bedeutung zusammengeworfen: da ist denn die Zeit Zahl καθ᾽ αὐτό ganz allein von der Bewegung, κατὰ συμβεβηκός ganz allein von der Ruhe: denn nur dieser beiden Zahl ist sie. Wie sollte nun aber bei Voraussetzung dieser Lehre das „τῶν ἄλλων" der Stelle, die Veranlassung zur Beschützung des κατὰ συμβεβηκός gab, erklärt werden? — es ginge ja blos auf die ἠρεμία! Also darf man wenigstens nicht schliessen: wenn alles Uebrige, so auch die Ruhe; — denn es ist nichts übrig

¹⁾ ὁ δὲ χρόνος καὶ ἡ κίνησις ἅμα κατά τι δύναμιν καὶ κατ᾽ ἐνέργειαν.

als die Ruhe! Fünftens: Ist die Zeit Zahl der Bewegung καθ' αὑτό, Zahl der Ruhe κατὰ συμβεβηκός — und ist weiter keine Möglichkeit übrig: so ist ja die Untersuchung, ob auch Nichtseiendes in der Zeit ist, überflüssig, da dies nach den vorangegangenen Erörterungen nur heisst: Lässt sich Nichtseiendes durch die Zeit messen, zählen? Sechstens: Aristoteles fügt der bedenklichen Unterscheidung zwischen „an sich" und „per accidens" gleich den Schluss bei: δῆλον ὅτι ἂν τό εἶναι μετρεῖ, τούτοις ἅπασιν ἔσται τό εἶναι ἐν τῷ ἠρεμεῖν ἢ κινεῖσθαι. Er sagt: Alles, dessen Sein die Zeit misst, d. h. nicht die Attribute, αὐτῷ ὑπάρχοντα, συμβεβηκότα (Met. Δ, 30, 1025ᵃ 14. 15. 30), muss dies Sein in der Ruhe oder Bewegung haben. Hier ist in dem Satze, der doch von dem Messen κυρίως sprechen will — denn er bezieht sich nur auf das Sein — auch die Ruhe genannt, sogar vor der Bewegung, gewiss Beweis genug der Gleichartigkeit. Siebentens: In welchem Sinne sollte denn die Zeit Zahl der Ruhe κατὰ συμβεβηκός sein? Misst etwa die Zeit die Ruhe, wie der Arzt den Menschen heilt, während er eigentlich (οἰκείως, κυρίως, καθ' αὑτό) nur den Kallias heilt? Ist die Ruhe etwa die Art, unter welche die Bewegung als τόδε τι gehörte? Ist die Zeit deshalb Zahl der Ruhe, ὅτι συμβέβηκε τῇ κινήσει ἠρεμία εἶναι ἢ τῇ ἠρεμίᾳ κινήσει (Met. Δ, 7)?

Ist nun die Ruhe ebensogut καθ' αὑτό durch die Zeit messbar, wie die Bewegung, so bleiben noch folgende Fragen zu beantworten: 1) Worauf soll nun τῶν ἄλλων bezogen werden? Was wird dann nur κατὰ συμβεβηκός durch die Zeit gemessen? 2) Wie ist's erklärlich, dass Aristoteles gerade an der bezeichnendsten Stelle nur sagen konnte: εἰ μέτρον μέν ἐστι κινήσεως ὁ χρόνος καθ' αὑτό? 3) Wesshalb schaltete Jemand an der berudeten Stelle κατὰ συμβεβηκός aus Conjectur ein? 4) Wie konnte Aristoteles schliessen: Wenn die Zeit Maas der Bewegung ist. so wird sie auch Maass der Ruhe sein? Wie folgt das?

In Betreff des ersten Punkts verweise ich auf folgende Sätze in dem ganzen Zusammenhang: l. 16: μετρήσει ὁ χρόνος τό κινούμενον καὶ τό ἠρεμοῦν, ἢ τό μέν κινούμενον τό δέ ἠρεμοῦν. Die Zeit misst den bewegten oder ruhenden Stein nicht, quatenus Stein, sondern insoweit er sich bewegt oder ruht; den Stein nicht, denn dessen Sein wird nicht bestehen ἐν τῷ ἠρεμεῖν ἢ κινεῖσθαι (l. 28). Jedoch da dem Stein und allen bewegten Körpern Bewegung und Ruhe zukommen, wird die Zeit auch diese messen, aber κατὰ συμβεβηκός, ὅτι συμβέβηκε τοῖς σώμασιν εἶναι κινουμένοις ἢ ἠρεμοῦσιν. Τό κινούμενον οὐχ ἁπλῶς (καθ' αὑτό) ἔσται μετρητόν ὑπό χρόνου, — ἢ ποσόν τί ἐστιν (d. h. insofern es selbst ausgedehnt ist), ἀλλ' ἢ ἡ κίνησις αὐτοῦ ποσή (l. 18—20). Für den Einsichtigen liegt in diesen Worten, namentlich in dem οὐχ ἁπλῶς, der ganze Gegensatz zu dem καθ' αὑτό, das κατὰ συμβεβηκός. „Τὰ ἄλλα" sind also die ruhenden und bewegten Körper oder überhaupt die veränderlichen (auch τὰ φθαρτὰ καὶ γενητά l. 28), und wenn man's im Sinn des Aristoteles weiter ausführen will, auch ihre συμβεβηκότα und τὰ τούτων γένη. — 2) Hätte Aristoteles geahnt, dass seine deutlich ausgesprochene Ansicht blos um dieser Worte willen durch eine solche Conjectur entstellt werden würde, er hätte auch an dieser Stelle nicht unterlassen κατ' ἠρεμίας hinzuzusetzen. Er glaubte aber es genüge zu sagen, das zeitliche Maass komme an sich Allem zu, was sein Sein in Bewegung und Ruhe habe; also dem κινουμένῳ καὶ ἠρεμοῦντι εἶναι, nicht dem ὅ ποτε ὄν κινούμενον: denn wie das λευκόν und λευκῷ εἶναι, so sind auch κινούμενον und κινουμένῳ εἶναι verschieden. 3) Alexander sagte nach Simplicius f. 175ᵇ: λέγει ἀριθμόν τῆς ἠρεμίας τόν χρόνον, ὅτι συμβέβηκε τῇ κινήσει ἡ στέρησις τῆς κινήσεως, ἧς καθ' αὑτό ἀριθμός ἐστιν ὁ χρόνος. Schwerlich ist ἡ κινήσει richtig, — wie kann die στέρησις von Etwas diesem selbst zukommen? vielmehr zu lesen τῇ ἠρεμίᾳ: weil der Ruhe zukommt die Beraubung der Bewegung, d. h. weil die Ruhe Beraubung der Bewegung ist[1]). Es könnte beinahe

---

[1] Freilich sonderbar ausgedrückt; vergl. oben die Worte des Themistius: στέρησις γὰρ ἡ ἠρεμία κινήσεως.

scheinen, als habe Alexander die Worte κατὰ συμβεβηκός vor sich gehabt und sei dadurch auf die wunderliche Ausdruckweise gekommen, weil er eben keine andere Erklärung wusste. Ist das Letztere wahr, so wäre es, solbst bei Voraussetzung, dass die Worte im Alexanderschen Text gestanden hätten, ein Fingerzeig mehr für die Nothwendigkeit ihrer Entfernung. Nun hatte Alexander aber die Worte gar nicht, wie Philoponus ausdrücklich bezeugt[1]). Und hätte er sie gekannt, er hätte sie athetirt, denn er wusste so gut wie wir, dass das, was auf die ἕξις geht, nicht κατὰ συμβεβηκός auf die στέρησις bezogen werden könne; — was auf beides oder eins von beiden geht, das allerdings κατὰ συμβεβηκός auf das ὑποκείμενον und umgekehrt. — Das Wahrscheinliche ist bei diesem Sachverhältniss, dass sich die Lesart κατὰ συμβεβηκός erst nach Alexander aus Missverstand der Stelle 221ᵃ 25 im Anschluss an die Erklärung des Alexander, die sehr dazu verführte, gebildet hat.

Cod. E. bewahrt hier wieder das Echte.

Wir müssen abbrechen wenn wir nicht die gewömlichen Grenzen dieser Abhandlungen zu sehr überschreiten wollen und müssen weitere Entwickelungen, die ausgeführt vor uns liegen, einer andern Gelegenheit vorbehalten.

---

[1]) Man vermisst noch in der Paraphrase, falls sie auf ein κατὰ συμβεβηκός im Text sich bezöge, gleich nach χρόνον vor ὅτι gerade den Zusatz, auf den die Erklärung hinauslaufen soll.

Lehrverfassung.

Der von der Abhandlung in grösserem Masse als gewöhnlich in Anspruch genommene Raum gestattet nicht, den Lehrplan, der übrigens gegen das Vorjahr keine Abänderung erfahren hat, in der vorgeschriebenen Form mitzutheilen. Es werden deshalb nur die Schriftsteller, welche im Laufe des verflossenen Schuljahres gelesen wurden, und die Themata der Aufsätze, welche bearbeitet wurden, angeführt.

Gelesen wurden

Gymnasium. 1. Ober-Prima: Tacit. Ann. III. — Cic. de Oratore. — Horat. epist. et. od. in Auswahl. Sophocl. Aiax. — Plat. Laches. — Thucyd. I. 1/8 II. — Hom. Ilias XXI—XXIV., VI—XI.

2. In Unter-Prima: Tac. Ann. II. — Cic. Tusc. I. IV. — Cic. or. pro Sestio. — Demosth. or. pro corona. — Plat. Protagoras. — Soph. Aiax. — Hom. Il. I—XII.

3. In Ober-Secunda: Liv. I. — Cic. Laelius. — Cic. or. pro Sulla, de imperio Cn. Pomp. — Virg. Aen. V—VII. — Isocr. Panegyricus. — Herod. I. 150—165. — Hom. Odyssee I—VI. XI. XIV. XV. XVI. XVIII. XX—XXIV.

4. In Unter-Secunda: Sallust. conj. Cat. — Cic. orat. in Catil. I—IV. — Cic. or. pro Roscio. — Cic. Cato maj. — Virg. Ecl. I. IV. VII. Aen. I—III. — Xenoph. Hellenic. IV. V. 1. 2. — Hom. Odyss. I. II. XIV. XV.

II. Realschule. 1. In Prima: Liv. I. — Virg. Aen. III.

2. In Ober-Secunda: Sallust. conj. Cat. u. bell. Jug. — Liv. XXI. — Ovid. Met. III. IV. VII. (Ausgewählte Stücke.)

3. In Unter-Secunda: Curt. VI. VII. — Ovid. Met. III. mit Auswahl.

Bearbeitet wurden im Laufe des Jahres folgende Themata:

Gymnasium. 1) Ober-Prima. Deutsche Aufsätze. 1) Ueber die verschiedene Leistungsfähigkeit der Malerei und dramatischen Kunst. — 2) Ueber den Nutzen und die Nothwendigkeit anderweiter Meditation. — 3) Charakteristik Hamlets. — 4) Wer Grosses will, muss sich zusammenraffen, in der Beschränkung zeigt sich erst der Meister. (Klassenaufsatz.) — 5) Ueber Idealismus und Realismus. — 6) Ueber Prima und Poesia. — 7) Charakterbild Klopstock's als Dichter. — 8) In Deiner Brust sind Deines Schicksals Sterne. (Klassenaufsatz.)

Lateinische Aufsätze. 2) Sitas maritimi cum civitatibus utiles habendi sint. — 2) Quo potissimum modo tres Achivorum legati Ulysses Aiax Phoenix. ad Achillem placandum missi, suo munere sint functi exposuit. — 3) Cleomenes, rex Lacedaemoniorum, Argivis maximo proelio superatis, urbem eorum delere noluit, ne civibus suis eos virtutis deceat. — 4) Qui viri primarii Atheniensium optime de republica meriti videantur. — 5) In labore salutem positam esse, populi Romani exemplo demonstratur. — 6) Laus vitae rusticae. — 8) Themistocles et Epaminondas inter se comparentur. — 9) Martinus Lutherus ex tugurii ignobilis tenebris ad clarissimum lucem gloriae successit. (Klassenaufsatz.) — 10) Paupertatem optabiliorem esse divitiae.

Unter-Prima. Deutsche Aufsätze. 1) Der Einfluss einer grossen Stadt auf die Bildung des Menschen. — 2) Das Wesen der Fabel dargestellt an Lessings Fabeln. — 3) Der Charakter des Telemach. — 4) Wie ist der Ausspruch des Dichters im Prolog des Wallenstein: „Sein Lager nur erkläret sein Verbrechen" in dem Schillerschen Stücke durchgeführt? — 5) Immer strebe zum Ganzen; und kannst Du selber kein Ganzes werden, als dienendes Glied schliess an das Ganze Dich an. — 6) Wie schildert Homer? — 7) Ueber den Grund des Vergnügens an tragischen Gegenständen, nachgewiesen an einigen Trauerspielen. — 8) Der Charakter Egmonts.

Lateinische Aufsätze. 1) Uter dignior fuerit, qui Achillis arma acciperet, Aiaxne an Ulixer? — 2) Perversum esse eorum opinionem, quibus miseria videatur senectus. — 3) Quibus causis factum sit, ut Hannibal a Romanis vinceretur. — 4) De antiquis Graecorum tyrannis quid statuendum sit. — 5) Quibus causis factum sit, ut Ciceroni aqua et igni interdiceretur. — 6) Unde viri prudentia Graeciae liberatam est Europaeque succubuit Asia. — 7) Tib. Gracchus quid lege agraria ferenda voluerit quoque modo, quod voluit, persecutus sit. — 8) Populum Romanum afflictis rebus felisse maximum.

Ober-Secunda. Deutsche Aufsätze. 1) In seinen Thaten malt sich der Mensch. — 2) Das Leben ist der Güter höchstes nicht, der Uebel grösstes aber ist die Schuld. — 3) Inhaltsangabe von Göthe's „Herrmann und Dorothea". — 4) Ueber den Ausspruch Solons: „Niemand ist vor dem Tode glücklich." (Klassenaufsatz.) 5) Ueber die welthistorische Bedeutung der Schlacht von Marathon. — 6. Luther und Karl V. — 7) a. Ueber den Charakter Krimhildens. b. Ueber den Begriff des Romantischen. — 8) Lobrede auf Perikles. — 9) Der Mann denkt es sich selbst zuletzt.

Lateinische Aufsätze. 1) Quibus artibus Tarquinius Superbus Gabios ceperit. — 2) Tullum Hostilium Romulo ferociorem fuisse. — 3) Qui factum sit, ut Dido Carthaginem conderet.

Unter-Secunda. Deutsche Aufsätze. 1) Die Heimkehr des Kriegers. 2) Ut desint vires, tamen est laudanda voluntas. — 3) Vergleichung der beiden Brüder in der Braut von Messina. 4) Mit welchem Rechte nennt Ovid die Metalle irritamenta malorum? — 5) Der Herbst. — 6) Quid est futurum eras, fuge quaerere. — 7) Ueber die Vortheile und Nachtheile der Buchdruckerkunst. — 8) Warum feiern wir die Erinnerung an die Erhebung Deutschlands im Jahre 1813? — 9) Eine Schilderung der Schweiz und ihrer Bewohner, aus Schiller's Stück: „Wilhelm Tell".

Realschule. Prima. Deutsche Aufsätze. 1) Ueber die Vortheile und Nachtheile der freien Presse. — 2) Einem ist sie die hohe, die himmlische Göttin, dem Andern eine tüchtige Kuh, die ihn mit Butter versorgt. — 3) Die Schönheit der Pflanze. — 4) Das Wesen der Hierarchie. — 5) Ueber das Lachen. — 9) In dem Ocean schifft mit tausend Masten der Jüngling, still in gerettetem Boot treibt in den Hafen der Greis. — 7) Ueber Friedrich des Grossen wohlthätige Regierung. — 8) Deutschland, das Herz Europa's. — 9) Ist Schiller's „Braut von Messina" eine Schicksalstragödie zu nennen? und in wiefern? — 10) Neujahrsbetrachtung beim Beginn des Jahres 1863. — 11) Das Leben ist der Güter höchstes nicht. — 12) Ueber den Charakter des Hamlet.

Französische Aufsätze. 1) Une visite au cimetière. — 2) Numa Pompilius. — 3) Désespoir d'Annibal, lorsqu'on, rappelé en Afrique par le sénat de Carthage, il se voit obligé d'abandonner l'Italie. — 4) La bataille de Marathon. — 5) Charles-Quint et François I. — 6) Horace. — 7) Un envoyé de la Suisse à Charles de Bourgogne avant la bataille de Granson. — 8) Prise de Rome par les Gaulois.

Englische Aufsätze. 1) The swallows — 2) The invincible Armada. — 3) Hope never dies. — 4) Waterloo. — 5) Regulus. — 6) Death of Charles I. — 7) The gun-powder plot. — 8) Richard II.

Ober-Secunda. Deutsche Aufsätze. 1) Ist Unordentliche oder der Neugierige. (Charakterschilderung.) — 2) Ueber das Gedächtniss. — 3) Ueber die Gefahren des Reichthums. — 4) Uebersetzung aus dem Ovid (Lib. I, 89—124) in fünffüssigen Jamben. — 5) Rom und Carthago beim Beginn des ersten punischen Krieges. — 6) Ueber die Unbeständigkeit des Glücks. — 8) Vergleichende Charakterschilderung zweier historischer Personen. (Nach eigener Wahl.) — 9) Ueber den Geis. — 10) Ueber die Furcht vor dem Tode. — 11) Die Elemente bauen das Gebild der Menschenhand. (Klassenaufsatz.)

Unter-Secunda. Deutsche Aufsätze. 1) Mein Leben! — 2) Erster Act von „Maria Stuart." — 3) Elisabeth Charakterschilderung nach „Maria Stuart". — 4) Der wahrsagende Meergreis Proteus. — 5) Es liesse sich Alles trefflich schlichten, könnte man die Sachen zweimal verrichten. — 6) a) „Die Erbschaft" oder b) „der Kampf mit dem Drachen." — 7) Der erste Act des Schiller'schen Dramas „Don Carlos." — 8) Der zweite Act des Schiller'schen Dramas „Don Carlos." — 8) a) Wie ist es zu erklären, dass König Philipp sich dem Einfluss des Marquis Posa nicht entziehen kann, oder b) Gedankengang der 10ten Scene des III. Actes des Schiller'schen Dramas „Don Carlos." oder c) Wie ist der Ausspruch des Horaz zu verstehen: „Quid sit futurum cras, fuge quaerere."

Themata, welche von den Abiturienten bearbeitet worden sind:

I. Gymnasium. Ostern 1862. 1) Deutscher Aufsatz: Der Zufall giebt die Vorsehung, zum Zweck muss ihn der Mensch gestalten. — 2) Lateinischer Aufsatz: Horatianum illud „nil sine magna vita labore dedit mortalibus", exemplis comprobatur. — 3) Mathematische Aufgaben: a) Ein Dreieck zu construiren, wenn die Summe zweier Seiten = a, die an einer von beiden gehörige Höhe = h, und die zur dritten Seite gehörige Transversale = g gegeben sind. — b) Ein Graben hat eine Breite von 18', seine Seitenwände eine Neigung von 115° gegen den Boden; wie tief ist derselbe, wenn bei einer Entfernung von 10 von seinem Rande und bei einer Erhebung des Auges von 5 über dem Erdboden, der Boden des Grabens eben verschwindet? — c) Ein Dreieck mit der Grundlinie a und den beiden daran liegenden Winkeln β u. γ, werde mit einem in der Entfernung e von der Spitze, der Grundlinie parallel gezogenen Graden durchschnitten, wie gross ist der Rauminhalt desjenigen Körpers, welchen das entstandene Trapez beschreibt, wenn es um die Seite a gedreht wird? — d) Der Radius einer Kugel sei = 5'; wie gross ist die Höhe eines Kugelabschnittes, dessen Rauminhalt dem dritten Theil der Kugel gleich ist?

Michaelis 1862. 1) Deutscher Aufsatz: Bedeutung der Schlachten bei Marathon und bei Tours und Poitiers. — 2) Lateinischer Aufsatz: M Attilius Regulus princeps virtutis Romanae illustrissimum exemplum. — 3) Mathematische Aufgaben: a) Ein Dreieck zu construiren, wenn die Summe zweier Seiten (a + b', die Differenz ihrer Gegenwinkel (α—β) und der Radius des zu der kleineren Seite b gehörigen äusseren Berührungskreises (ρβ) gegeben sind. — b) Dieselbe Aufgabe trigonometrisch: a + b = 15, ρ; : = 5 — 17° 8'; ρβ = 4, ρ, . — c) Wie tief wird ein gerader, auf Wasser schwimmender Kegel einsinken, wenn seine Höhe = N. und das specifische Gewicht des Stoffes, aus dem er besteht, = μ, sind? — d) Wenn ein Körper mit der Geschwindigkeit XXX° senkrecht in die Höhe geworfen wird, wie lange wird er steigen müssen, damit er in der nächstfolgenden Secunde einen Weg von 10XX zurücklegt.

II. Real-Schule. Ostern 1862. 1) Deutscher Aufsatz: Welche Mittel stehen uns nach Vollendung der Schulzeit für unsere geistige Fortbildung zu Gebote? — 2) Englischer Aufsatz: The death of Julius Caesar. — 3) Mathematische Aufgaben: a) Geometrie: Eine Kugel, deren Radius gleich 1 ist, soll von einem gegebenen Punkte aus in drei gleiche Theile getheilt werden. Wie gross sind die Radien der die änsseren Kugelabschnitte begrenzenden Kreisebenen? — b) Ebene Trigonometrie: In einem Kreis ist gegeben der Ueberschuss zweier Seiten über die dritte, a + b — c = d, der Ueberschuss der Seite a und der Seite b über das von der Höhe h abgeschnittene, an a anliegende Segment q der Seite c, a + h — q = p, und die Summen der Winkel A und B, A + B = T. Es sollen die Stücke des Dreiecks berechnet werden. — c) Quadratische Gleichung. Die mehrjährigen Zinsen eines an M. ausgeliehenen Capitals betragen mit dem angeliehenen Capital 574 Rthlr. Die Zinsen eines um 375 Rthlr. kleineren Capitals betragen, wenn es 12½ Jahr länger steht, zu M mit dem Capital ebenfalls 37,4 Rthlr. Wie gross ist das erste Capital und wie lange hat es gestanden? — d) Stereometrie: Ein Kegel ist bis zur Linie EG mit einer Flüssigkeit angefüllt. Taucht man nun ein gerades Prisma, dessen Basis ein regelmässiges Sechseck ist, in den Kegel hinein bis CD, so wird die verdrängte Flüssigkeit bis zur Höhe AF aufsteigen. Wie gross muss dann das eingetauchte Prisma gestaltet sein, damit die Höhe AF so gross als möglich sei? — 4) Angew. Mathematik: Eine Kugel wird mit einer Geschwindigkeit XXXP abgeschossen und macht in dessen Augenblick mit der Horizontalen einen Winkel von 75°. Wie hoch und wie weit fliegt dieselbe und wie gross ist die Zeit, die sie zum ganzen Wege braucht? — 5) Physikalische Aufgabe: Bildung stehender Luftwellen in gedeckten Pfeifen. — 6) Chemische Aufgabe: Sauerstoffsalze.

Michaelis 1862. 1) Deutscher Aufsatz: Alles Grosse in der Weltgeschichte ist stets von Einzelnen, nie von den Massen ausgegangen. — 2) Französischer Aufsatz: Denys-le-Tyran. — 3) Mathematische Aufgaben: a) Geometrie: Drei an einander stossende in einem Halbkreis eingeschriebene Sehnen a, b u. c haben die Grösse a = 2', b = 3' und c = 4'. Wie gross ist der Durchmesser des Kreises? — b) Stereometrie: Auf der Centrale zweier gegebenen Kugeln MM' soll ein Punkt A gefunden werden, von welchem aus die Summen der beiden überblickten Calotten ein Maximum ist. — c) Trigonometrie: Die Declination der Sonne sei 20° 23' 30'', ihre um 6 Uhr 30 Minuten Morgens beobachtete Höhe 28° 5'. Es soll die Polhöhe bestimmt werden. — d) Quadratische Gleichung: In einem rechtwinkligen Dreieck ist die Summe der drei Seiten = a, die Summe der Katheten und der Höhe auf die Hypotenuse = b; wie gross sind die drei Seiten? 4) Mechanische Aufgabe: Einen Körper, den man in einen vertikalen Schacht hineinfallen lässt, hört man nach t Secunden aufschlagen. Wie tief ist der Schacht, wenn t = 10'' ist? — 5) Physikalische Aufgabe: Das einfache und zusammengesetzte Mikroskop. — 6) Das Schwefelwasserstoffgas als Reagens.

Chronik der Anstalt.

Das Sommerhalbjahr währte vom 24. April bis zum 1. October. Das Winterhalbjahr begann am 13. October und wird am 28. März beendet werden.

Ferien: Osterferien vom 10—23. April; Pfingstferien vom 7—11. Juni; Hundstagsferien in Folge eines Baues vom 8. Juli bis 9. August; Michaelisferien vom 2—17. October; Weihnachtsferien vom 21. December 1862 — 5. Januar 1863.

A. Lehrer.

Dem Lehrer-Collegium wurde am ersten Tage der öffentlichen Prüfung am 7. April v. J. durch den Tod nach langen Leiden entrissen der ordentliche Lehrer

Johannes Eugen Dielitz. Er war am 24. Juni 1824 als jüngster Sohn des im Jahre 1845 verstorbenen Privatgelehrten Dr. Karl Dielitz zu Berlin geboren, besuchte das hiesige Königl. Friedrich-Wilhelms-Gymnasium, verliess dasselbe zu Ostern 1847 mit dem Zeugniss der Reife und studirte 4 Jahre lang zu Berlin Philologie. Michaelis 1851 von der hiesigen wissenschaftlichen Prüfungs-Kommission pro facultate docendi geprüft, trat er Ostern 1852 an der hiesigen Königstädtischen Realschule sein pädagogisches Probejahr an und blieb nach Absolvirung desselben als ausserordentlicher Lehrer an der genannten Anstalt beschäftigt, bis er Michaelis 1855 als ordentlicher Lehrer am Friedrichs-Gymnasium angestellt wurde. Der Thätigkeit des tüchtigen Lehrers erfreute sich die Anstalt nur eine verhältnissmässig kurze Zeit. Schon im Laufe des Monats Mai 1857 zwang ihn eine mit Macht hereinbrechende Krankheit, der er sich mit aller Kraft seines Willens vergeblich entgegenstellte, seinen Unterricht zu unterbrechen. Es war ihm trotz wiederholter Heilungsversuche nicht vergönnt, sein Amt im ganzen Umfange wieder zu übernehmen, obwohl er bei seinem grossen Pflichtgefühl wiederholt versuchte, in seinen Beruf zurückzutreten. Nach schwerem Leiden unterlag er am 7. April v. J. der Krankheit; die Achtung und Liebe der Amtsgenossen und Schüler sind dem ergebenen Dulder ins Grab gefolgt.

Ausserdem sind ausgeschieden die langjährigen Hülfslehrer der Divisions-Prediger Herr Hülsen und der Maler Herr Schoenas, der erstere, weil ihm die Stelle als Gesandtschafts-Prediger in Constantinopel übertragen war, der letztere, weil er seine ganze Kraft und Zeit einem von ihm begründeten Kunst-Institute widmen wollte. Beiden Männern sprache ich im Namen der Anstalt den Dank für ihre derselben gewidmete Thätigkeit aus. Die von ihnen versehenen Funktionen übernahmen der Herr Dr. Kirchner und der Maler Herr Herbig.

In eine ordentliche Lehrstelle wurde der Lehrer Herr Dr. Schütze berufen, der bis Ostern 1862 am Progymnasium zu Spandau beschäftigt war.

An der Anstalt unterrichten daher gegenwärtig ausser dem Director:

1) Die Gymnasial-Oberlehrer Prof. Dr. Menge, Prof. Dr. Fleischer, Dr. Amen, Dr. Bücheenschütz, Dr. Born, Dr. Schultz, Dr. Laas;

2) die Real-Oberlehrer Köppen, Dr. Schartmann, Professor Dr. Herrig, Dr. Weissenborn, Dr. Schellbach;

3) die ordentlichen Lehrer Egler, Dr. Sperling, Mann, Freyschmidt, Dr. Sarroe, Dr. Tüllmann, Dr. Schütze;

4) die Elementarlehrer Krebs, Schmidt, Rocksey, Schulse, Brock;

5) die Hülfslehrer Prediger Hanstein, Weingarten, Dr. Friedlaender, Dr. Ryssenhardt, Dr. Cochius, Dr. Neumann, Giovanoly, Prof. Domschke, Maler Herbig und Gesanglehrer Hauer.

B. Schüler.

Die Anstalt wurde in den vier Quartalen des verflossenen Schuljahres von 1045, 1061, 1087 und 1074 Schülern besucht, welche in folgender Weise vertheilt waren:

	1. Quartal:	2. Quartal:	3. Quartal:	4. Quartal:
a) Gymnasium.				
Ia.	15	18	14	11 Schüler.
Ib.	14	13	14	14
IIa.	22	20	24	24
IIb.	27	28	31	30
IIIa.	51	54	52	52
IIIb.	47	42	45	45
IVa.	46	48	44	44
IVb.	65	64	65	64
Va.	71	70	70	69
Vb.	72	71	69	71
VIa.	69	67	71	71
VIb.	69	68	70	69
b) Realschule:				
I.	11	9	8	8
IIa.	6	6	10	14
IIb.	33	32	34	32
IIIa.	49	45	45	43
IIIb.	56	55	54	53
IVa.	44	43	44	43
c) Vorschule:				
1. Kl.	69	69	66	67
2. Kl.	65	62	63	63
3. Kl.	63	62	62	61
4. Kl.	62	67	67	68
5. Kl.	56	53	58	55

Die Abiturienten-Prüfung legten folgende Schüler ab und wurden mit dem Zeugnis der Reife entlassen:

I. Gymnasium Ostern 1862:

1) Friedrich Traugott Schwarze, aus Jüterbogk, 18 Jahr alt, 7½ Jahr auf dem Gymnasium, 2½ Jahr in Prima, studirt Theologie und Philologie.

2) Moritz Leopold Perl, aus Berlin, 17 Jahr alt, 8 Jahr auf dem Gymnasium, 2 Jahr in Prima, studirt die Rechte.

3) Adolf Friedrich Wilhelm Voigt, aus Berlin, 22 Jahr alt, 7 Jahr auf dem Gymnasium, 2 Jahr in Prima, studirt Philologie.

4) Otto Wilhelm Bernhard Schadewald, aus Berlin, 19 Jahr alt, 6 Jahr auf dem Gymnasium, 2 Jahr in Prima, studirt Arzneikunde.

5) Otto Carl August Schmoock, aus Schiwersdorf bei Putlitz, 20½ Jahr alt, 6½ Jahr auf dem Gymnasium, 2 Jahr in Prima, studirt Theologie.

Michaelis 1862.

6) Carl Friedrich Otto Thien, aus Cremmen, 19 Jahr alt, 6½ Jahr auf dem Gymnasium, 2 Jahr in Prima, studirt Mathematik und Naturwissenschaften.

7) Emil Richard Berend, aus Berlin, 20½ Jahr alt, 1½ Jahr auf dem Gymnasium und in Prima, studirt die Rechte.

8) Theodor Eduard Immanuel Grell, aus Spandau, 19 Jahr alt, 3½ Jahr auf dem Gymnasium, 2 Jahre in Prima, studirt Medicin.

9) Friedrich Wilhelm Schmidt, aus Kutzdorf bei Cüstrin, 19 Jahr alt, besuchte die Anstalt von der letzten Klasse der Vorschule 12½ Jahr und war 2 Jahr in Prima; er wird Soldat.

II. Realschule Ostern 1862.

2) Adolf Bernoully, aus Berlin, 18 Jahr alt, 5½ Jahr auf der Realschule, 2 Jahr in Prima, wird Chemiker.

2) Leonhard Siminn, aus Berlin, 19½ Jahr alt, 6½ Jahr auf der Realschule, 2 Jahr in Prima, wird Buchhändler.

Michaelis 1862.

3) Otto Pauckach, aus Landsberg a. d. Warthe, 18 Jahr alt, 4½ Jahr auf der Realschule, 2½ Jahr in Prima, wird Techniker.

4) Rudolf Schulze, aus Klebow bei Stettin, 18 Jahr alt, 8 Jahr auf der Realschule, 2 Jahr in Prima, wird Landwirth.

C. Lehrapparate.

Ueber die Vermehrungen, welche die Bibliothek und die wissenschaftlichen Sammlungen im Laufe des letzten Jahres erfahren haben, kann erst im nächsten Programm berichtet werden.

D. Schulfeierlichkeiten.

Der Geburtstag Sr. Majestät des Königs wurde am 22. März v. J. in gewohnter Weise feierlich begangen. Die Festrede hielt der Herr Oberlehrer Dr. Schultz.

Bei der Erinnerungsfeier der Einführung der Reformation in die Mark Brandenburg hielt der Primaner des Gymnasiums Oscar Schneider eine Rede über Ulrich von Hutten, nach dieser und einer Ansprache des Directors erfolgte die Vertheilung der Denkmünzen, welche den Gymnasial-Primanern Olshausen und Staedler und den Real-Primanern Schottlaender und Freyer zuerkannt waren. Gesänge der ersten Gesangklasse erhöhten diese Feste.

Die ewig denkwürdigen Jubeltage der Erhebung unseres Volkes, der 3. Februar und 17. März 1813, wurden den Schülern in ihrem geschichtlichen Zusammenhange und in ihrer hohen Bedeutung für Preussen und Deutschland in Gesang und Reden vorgeführt; am 3. Februar hielten der Director, am 17. März der Herr Oberlehrer Köppen die Festreden.

Besondere Mittheilungen für Aeltern und Schüler.

Nach der Unterrichts- und Prüfungs-Ordnung der Realschulen vom 6. October 1859 gewähren die Abiturientenzeugnisse der Reife den Realschulen erster Ordnung folgende Berechtigungen:

Eintritt in den Postdienst mit Aussicht auf Beförderung in die höheren Dienststellen.
Aufnahme in die Königl. Forstlehranstalt zu Neustadt-Eberswalde.
Aufnahme in das reitende Feldjägercorps.
Aufnahme in das Königl. Gewerbe-Institut.
Zulassung zu den höheren Studien für den Staatsbaudienst und das Bergfach.

Die mit dem Zeugniss der Reife versehenen Abiturienten der Realschulen erster Ordnung sind, wenn sie mit Aussicht auf Avancement in die Armee eintreten wollen, von der Ablegung der Portepeefähnrichsprüfung dispensirt.

Zum Supernumerariat bei der Verwaltung der indirecten Steuern und ebenso als Applicanten für den Militair-Intendanturdienst werden die Schüler zugelassen, wenn sie die Prima mindestens ein Jahr lang mit gutem Erfolge besucht haben.

Ein Zeugniss der Reife für Prima befähigt zum Civilsupernumerariat bei den Provinzial-Civilverwaltungsbehörden, desgleichen zur Annahme als Civil-Aspiranten bei den Provinzial-Aemtern.

Zur Aufnahme in die obere Abtheilung der Königl. Gärtner-Lehr-Anstalt zu Potsdam genügt das Zeugniss der absolvirten Tertia.

Die Berechtigung zum einjährigen freiwilligen Militairdienst tritt für die Realschüler ein, wenn sie mindestens ein halbes Jahr in Secunda gesessen und an dem Unterricht in allen Gegenständen Theil genommen haben. (Siehe jedoch die folgende Verfügung.)

In der Verfügung des Königlichen Schul-Collegiums vom 13. Novbr., betreffend den einjährigen freiwilligen Militairdienst, ist festgesetzt und aufs neue eingeschärft, „dass die Versetzung nach Secunda mit Strenge und ohne alle Rücksicht auf den gewählten künftigen Beruf des Schülers vorzunehmen sei und ausserdem angeordnet, dass in Zukunft die Abgangszeugnisse für die nach dem ersten halben Jahre aus Secunda Abgehenden jedesmal von der Lehrer-Conferenz festgesetzt werden sollen und dass darin ausdrücklich zu bemerken sei, ob der betreffende Schüler sich das bezügliche Pensum der Secunda gut angeeignet und sich gut betragen habe. Abgangszeugnisse, welche sich über den Stand der erworbenen Kenntnisse, so wie über Fleiss und Betragen ungünstig aussprechen, werden nach den dieserhalb höheren Orts getroffenen Bestimmungen von der Departements-Prüfungs-Commission nicht als genügend angesehen werden und ist in diesen Fällen die Berechtigung zum einjährigen freiwilligen Militairdienst von dem Ausfall einer nachträglich zu bestehenden Prüfung vor der Commission abhängig.

Das Schulgeld ist quartaliter praenumerando zu zahlen. Der Schulgeld-Receptor ist verpflichtet, die eingegangenen Schulgelder spätestens am 15. des zweiten Monats im Quartal an die Stadt-Hauptkasse abzuführen. Die geehrten Eltern werden dringend ersucht, die Zahlungs-Termine einzuhalten, da schriftliche Aufforderungen nicht mehr erfolgen werden. Wer die rechtzeitige Zahlung unterlassen, hat sich die dann eintretende executivische Einziehung des Schulgeldes selbst zuzuschreiben.

Den Schülern ist der Besuch von Conditoreien und anderen ähnlichen Localen ohne Begleitung ihrer Angehörigen nicht gestattet. Das Zuwiderhandeln gegen das Verbot hat die Entfernung von der Schule zur Folge.

Den Schülern ist es nicht erlaubt, vor der festgesetzten Zeit in der Schule zu erscheinen, oder in der Nähe derselben sich aufzuhalten. Die Eröffnung des Schulhauses kann nicht früher als 10 Minuten vor dem gesetzmässigen Anfang erfolgen, und werden deshalb die geehrten Eltern dringend ersucht, ihre Söhne so von Hause zu entlassen, dass sie erst 10 Minuten vor dem wirklichen Anfange auf ihren Plätzen sich einfinden können.

	Gymnasium.							Real		
	Ober-Prima.	Unter-Prima.	Ob.-Secunda.	U.-Secunda.	Ober-Tertia.	U.-Tertia.	O.-Quarta.	Prima.	Ob.-Sec.	U.-Sec.
Ordinarius.	Range.	Fleischer.	Amm.	Büchenschütz.	Born.	Schultz.	Laas.	Herrig.	Köppen.	Weissenborn.
Professor Krah, Director.			1 Geschichte.						2 Gesch.	
Professor Dr. Range.	4 Mathematik. 2 Physik.	4 Mathematik.	4 Mathematik. 2 Physik. 2 Deutsch.	4 Mathematik.						
Professor Dr. Fleischer.	6 Latein.	6 Latein.	2 Virgil. 2 Geschichte.							
Oberlehrer Dr. Amm.	2 Horaz.	2 Horaz.	6 Latein.	3 Virgil. 6 Griechisch.						
Oberl. Dr. Büchenschütz.	6 Griechisch.			6 Latein. 3 Deutsch.	3 Ovid.	3 Ovid.				
Oberlehrer Dr. Born.			6 Griechisch.		6 Latein. 2 Deutsch.		3 Gesch. 1 Latein.			
Oberlehrer Dr. Schultz.		6 Griechisch.				6 Latein. 2 Religion. 2 Deutsch.	1 Religion.			
Ordentl. Lehrer Dr. Laas.	2 Deutsch. (2 Hebräisch.)		(2 Hebräisch.)		2 Geschichte.		6 Latein. 2 Deutsch.			
Oberlehrer Köppen.								2 Deutsch. 2 Gesch. 2 Deutsch.	6 Latein.	3 Gesch.
Oberlehrer Dr. Schartmann.								6 Latein.		6 Latein.
Professor Dr. Herrig.	2 Französisch. (2 Englisch.)		(2 Englisch.)					6 Franz. 3 Englisch.	6 Franz. 2 Englisch.	
Oberlehrer Dr. Weissenborn.								6 Mathem. 2 Physik.	6 Mathem. 2 Physik.	3 Mathem. 3 Physik. 4 Franz.
Oberlehrer Dr. Schellbach.								2 Chemie. (2 Labor.)	2 Chemie. 2 Naturg. (2 Laborat.)	2 Chemie. 2 Naturg.
Ordentl. Lehrer Egler.										
Ordentl. Lehrer Dr. Sperling.					6 Griechisch.					
Ordentl. Lehrer Hass.										2 Englisch.
Ordentl. Lehrer Freyschmidt.			2 Französisch.	2 Französisch. 2 Geschichte.	2 Französisch.					
Ordentl. Lehrer Dr. Beyer.					2 Mathematik. 2 Naturgesch.	2 Mathem. 2 Naturg.				
Ord. Lehrer Dr. Tillmann.						6 Griech. 2 Gesch.				
Ordentl. Lehrer Dr. Schütze.		2 Deutsch.					6 Griech.			
Ordentl. Lehrer Krohn.										
Ordentl. Lehrer Schmidt.										
Ordentl. Lehrer Rochusz.										
Ordentl. Lehrer Schulze.										
Ordentl. Lehrer Brock.										
Dr. Kirchner. Prediger Hanstein. Weingarten.		1 Religion.	1 Religion.	1 Religion.	1 Religion.			2 Religion.	1 Religion.	
Dr. Friedländer.										2 Geschichte.
Dr. Rosenhardt.										
Dr. Gehlen.						2 Franz.	2 Franz. 2 Mathem.			
Dr. Neumann. Giovanoly.										
Professor Sussmann. Maier Herrig.			(2 Zeichnen.)					2 Zeichnen.	2 Zeichnen.	2 Zeichnen.
Gesanglehrer Hesse.			2 erste Gesangklasse, Tenor und Bass.						2 zweite Gesangklasse.	

...chule.			Gymnasium.					Elementar-Schule.					Stunden-zahl
O.-Tertia.	U.-Tertia.	O.-Quarta.	U.-Quarta.	O.-Quinta.	U.-Quinta.	O.-Sexta.	U.-Sexta.	Erste Cl.	Zweite Cl.	Dritte Cl.	Vierte Cl.	Fünfte Cl.	
Schartmann.	Propschmidt.	Egier.	Tillmann.	Sporting.	Friedländer.	Kymenhardt.	Schütze.	Krebs.	Schmidt.	Rockney.	Schulze.	Brock.	
													6
													22
													21
													20
													20
													20
													21
4 Gesch. u. Geographie.													20
5 Latein. 2 Deutsch.	6 Latein.												20
													20
													16
2 Naturg.	2 Naturg.	2 Naturg.	2 Naturg.	2 Naturg.									20
		2 Latein. 2 Deutsch. 4 Gesch. u. Geogr.	2 Religion.			4 Rechnen.	4 Rechnen.						22
			2 Geogr.	10 Latein. 2 Deutsch. 2 Geogr.									19
4 Franz. 4 Englisch.	4 Englisch.	5 Franz.	4 Franz.										24
	2 Franz. 4 Gesch. u. Geographie. 2 Deutsch.				2 Franz.								20
4 Mathem.					2 Naturg.	2 Naturg.	2 Naturg.						22
			10 Latein. 2 Deutsch. 2 Gesch.										22
							10 Latein. 2 Deutsch.						20
				2 Schreib.	2 Schreib.	4 Schreib. 2 Geogr.	4 Rechnen. 4 Schreib.	4 Rechnen. 2 Heimatkunde.					20
						2 Gesang.	2 Gesang.	2 Deutsch. 2 Gesang.	4 Schreib. 2 Deutsch. 2 Gesang.	2 Gesang.	2 Gesang.		20
				2 Rechnen.	2 Schreib.			2 Formenl.	2 Formenl.	4 Deutsch. 4 Rechnen. 4 Schreib.			22
										2 Formenl.	2 Religion. 4 Rechnen. 2 Formenl. 2 Deutsch. 2 Schreib.		24
												2 Religion. 4 Rechnen. 11 Lesen. 4 Schreib.	24
2 Religion.	2 Religion.			2 Religion.	2 Religion.	2 Religion.	2 Religion.	2 Religion.					15
	4 Mathem.	4 Mathem.	4 Mathem.	2 Mathem.									18
				10 Latein. 2 Deutsch. 2 Geogr.									17
				10 Latein. 2 Deutsch. 2 Geogr.									14
													9
								2 Geogr.	2 Religion.	2 Religion.			6
				4 Franz. 2 Zeichnen.									6
2 Zeichnen.	2 Zeichnen.	2 Zeichnen.	2 Zeichnen.		2 Zeichnen.	2 Zeichnen.							10
Tenor und Bass.	2 Gesang.	2 Gesang.	2 Gesang.	2 Gesang. 2 erste Gesangkl. Sopran und Alt.									14

Ordnung der öffentlichen Prüfung.

Donnerstag, den 26. März 1863.

Vormittags von 8½ Uhr an.

Unter-Quinta	Religion	Pred Hanstein.
Unter-Quarta	Latein	Ordentl. Lehrer Dr Tüllmann
Ober-Quarta R.	Geschichte	Ordentl Lehrer Egler.
Unter-Tertia R.	Französisch	Ordentl. Lehrer Freyschmidt.
Ober-Tertia R.	Mathematik	Ordentl. Lehrer Dr. Sarres.
Unter-Secunda R.	Latein	Oberl. Dr. Schartmann
Ober-Secunda R.	Trigonometrie	Oberl. Dr. Weissenborn
	Englisch	Prof Dr. Herrig.
Prima	Chemie	Oberl. Dr Schellbach

Erste Gesangklasse.

Nachmittags von 2½ Uhr an.

Fünfte Klasse der Vorschule	Religion	Ordentl. Lehrer Brock.
Vierte Klasse der Vorschule . .	Rechnen	Ordentl. Lehrer Schulze.
Dritte Klasse der Vorschule . .	Deutsch	Ordentl. Lehrer Reckzey.
Zweite Klasse der Vorschule . .	Heimathskunde . . .	Ordentl. Lehrer Kreba.
Erste Klasse der Vorschule . .	Deutsch	Ordentl. Lehrer Schmidt.
Unter-Sexta	Geographie	Ordentl. Lehrer Kreba.
Ober-Sexta	Latein	Dr. Eyssenhardt.

Freitag, den 27. März 1863.

Vormittags von 8½ Uhr an.

Ober-Quinta	Französisch	Giovanoly.
Ober-Quarta G.	Griechisch	Ordentl. Lehrer Dr. Schütze.
Unter-Tertia G.	Naturgeschichte . . .	Ordentl. Lehrer Dr. Sarres.
Ober-Tertia G.	Geschichte	Ordentl. Lehrer Dr. Lass.
Unter-Secunda G.	Latein	Oberl. Dr. Büchsenschütz.
Ober-Secunda G.	Mathematik	Prof. Dr. Runge.
Unter-Prima	Griechisch	Oberl. Dr. Schulz.
Ober-Prima	Latein	Prof. Dr. Fleischer.

Erste Gesangklasse

Zu dieser Prüfung habe ich die Ehre, die hochgeehrten Königlichen und Städtischen Behörden, die Eltern unserer Zöglinge, so wie alle Gönner und Freunde des Schulwesens gehorsamst und ehrerbietigst einzuladen.

Der Sommer-Cursus beginnt am 13. April. Neue Schüler können nur für die oberen Klassen bis zur Ober-Quarta aufgenommen werden. Zur Prüfung der in diese Klassen eintretenden Schüler werde ich am 10. und 11. April in den Vormittagsstunden von 8—12 Uhr bereit sein.

A. Krech.